Harald Schneider

Geschichtskurs –
19. Jahrhundert

MANZ VERLAG

3. Auflage 2002
Manz Verlag
© Ernst Klett Verlag GmbH, Stuttgart 1997
Alle Rechte vorbehalten
Lektorat: Harald Kotlarz, Rottenburg
Herstellung: Karin Schmid, Baldham
Umschlaggestaltung: Zembsch' Werkstatt, München
Satz: PC-Print, München
Druck: Mediengruppe UNIVERSAL
Grafische Betriebe Manz und Mühlthaler GmbH, München
Printed in Germany

ISBN 3-7863-4100-1

Inhaltsverzeichnis

D Bismarck und das Deutsche Kaiserreich

E Das Deutsche Kaiserreich (1890 – 1914)

F Längsschnitte

G Methodik

H Musterlösungen zu den Arbeitsaufträgen

Vorwort

Dieses Buch ist aus der Praxis heraus entstanden. Es wendet sich an Schülerinnen und Schüler in Grund- und Leistungskursen, die sich auf Klausuren und die mündliche oder schriftliche Abiturprüfung vorbereiten wollen.

Inhaltlich geht es um die deutsche Geschichte des 19. Jahrhunderts, beginnend mit den Auswirkungen der Französischen Revolution auf Deutschland und endend mit dem Beginn des Ersten Weltkrieges. Die Industrielle Revolution und der Imperialismus werden nur so weit behandelt, wie es für ein Verständnis der politischen Entwicklung vonnöten ist.

Das Buch gliedert sich in einzelne, jeweils thematisch abgeschlossene Kapitel, die auch unabhängig von den anderen Kapiteln für eine gezielte Vorbereitung auf Prüfungen herangezogen werden können. Jedem Kapitel ist eine Einführung vorangestellt, die auf das Thema und mögliche Fragen hinführt.

Die Bearbeitung beginnt mit einer Quelle in Form eines Textes, einer Karikatur oder einer Karte. Die Quelle verweist auf eine zentrale Fragestellung der jeweiligen Epoche. Die folgenden Fragen dienen der Erschließung der Quelle. Zur Beantwortung der Fragen und zur Wiederholung der notwendigen Fakten und Sachinformationen erfolgt eine chronologische Zusammenstellung der Ereignisse und auf einer weiteren Seite eine Erläuterung zu allen wichtigen Namen, Begriffen und historischen Ereignissen. Somit kann durch die Bearbeitung der Arbeitsaufträge auch die Kenntnis der historischen Ereignisse und Fakten aufgefrischt und vertieft werden.

Die ausführlichen Lösungsvorschläge zu allen Arbeitsaufträgen ermöglichen die selbstständige Überprüfung der eigenen Ergebnisse.

Größere Zusammenhänge werden mithilfe von Schaubildern in ihrem Verlauf und in ihren Schwerpunkten übersichtlich strukturiert. Zusammenfassungen am Ende jedes Kapitels erlauben eine nochmalige Wiederholung und Sicherung der bearbeiteten Inhalte. Längsschnitte zur Deutschen Frage und zur Entwicklung der Parteien in Deutschland bis zum Ersten Weltkrieg bieten eine weitere Möglichkeit der kompakten Wiederholung von komplexen Entwicklungen.

Methodische Fragen werden am Ende des Arbeitsteils separat behandelt. Darin wird in aller Knappheit gezeigt, wie mit Textquellen, Karikaturen und Karten umgegangen werden kann.

Autor und Verlag wünschen Ihnen ein frohes Gelingen in allen Geschichtsprüfungen!

A Die Französische Revolution und ihre Auswirkungen auf Deutschland

1. Einführung

Die Französische Revolution hat die Verhältnisse im eigenen Land, aber auch in Europa und besonders in Deutschland tiefgreifend und nachhaltig verändert, auch wenn es in Deutschland zu keiner vergleichbaren Erhebung kam. Sie hat in Frankreich die im Merkantilismus entstandene soziale Schicht des Besitz- und Bildungsbürgertums an die Macht gebracht, sie hat den ersten demokratisch legitimierten modernen Nationalstaat mit einer Repräsentativverfassung geschaffen und sie hat mit der Abschaffung der alten Stände- und Zünfteordnung die meisten Hindernisse für die Herausbildung der kapitalistischen Wirtschaftsordnung in Frankreich beseitigt.

Zu einer vergleichbaren Umwälzung ist es in **Deutschland** nicht gekommen, weil die Voraussetzungen dafür fehlten: Es gab kein finanzkräftiges und einheitliches Bürgertum, das an die Macht strebte, es fehlte eine städtische Unter- und Mittelschicht wie in Paris die Sansculotten, die Lebensbedingungen in den einzelnen Territorien waren zu unterschiedlich, sodass sich keine Solidarität auf breiter Grundlage entwickelte. Zudem war der Druck der absolutistischen Herrschaften längst nicht so groß wie in Frankreich, in einzelnen Territorien gab es gar schon Landstände. Eine gewisse Revolutionsfurcht vor dem Hintergrund des Terrors der Jakobiner hemmte den revolutionären Impetus und stärkte die Anhänger von Reformen. Und letztlich waren lokale Unruhen auch leichter zu unterdrücken.

Die Napoleonischen Kriege veränderten auch die **Mächtekonstellation** in Europa. Sie führten das Ende des Heiligen Römischen Reiches Deutscher Nation herbei und veränderten das europäische Staatensystem von Grund auf. Dies wiederum förderte das Aufkommen eines Nationalismus in allen europäischen Staaten des 19. und frühen 20. Jahrhunderts. Somit wird diese Revolution von vielen Historikern als die wichtigste Zäsur in der neueren Geschichte angesehen.

Die militärischen Niederlagen der aufgeklärt absolutistischen Großmächte Preußen und Österreich und der noch ständisch geprägten übrigen Länder des Heiligen Römischen Reiches gegen die französischen Volksheere führte zu einer territorialen und politischen Umgestaltung in Mitteleuropa. Die damit einhergehende **Säkularisation** und **Mediatisierung** waren die Voraussetzung für die Schaffung moderner Staaten und beschleunigten den Niedergang des alten Reiches, der 1806 mit der Niederlegung der Kaiserkrone durch Franz II. von Österreich seinen vorläufigen Abschluss fand.

Daneben hat die Revolution von 1789 in die **innere Entwicklung** fast aller europäischer Staaten eingegriffen. So hat sie etwa die Stein-Hardenbergschen Reformen in Preußen ausgelöst. Das durch die Niederlage gegen Napoleon gedemütigte Preußen stand vor der Frage des Überlebens. Der Staat brauchte eine breitere Mitwirkung der eigenen Bevölkerung im wirtschaftlichen, militärischen und administrativen Bereich. Von daher wurden das **Bildungssystem** verbessert und die Qualifikation der Staatsdiener erhöht. Persönliche Eignung drängte zunehmend ständische Privilegien zurück und ermöglichte mehr Menschen den sozialen Aufstieg. Leistung sollte auch für eine Karriere im Heer höher bewertet werden als soziale Herkunft. Die **Heeresreform** der Generäle Scharnhorst und Gneisenau, die auch die allgemeine Wehrpflicht mit einer dreijährigen Dienstzeit vorsah, wollte so die Voraussetzung schaffen, um den französischen Armeen erfolgreich begegnen zu können.

Die von einer nationalen und liberalen Bewegung getragenen Befreiungskriege brachten das Ende der napoleonischen Vorherrschaft in Europa. Der **Wiener Kongress (1814/15)** stellte das vorrevolutionäre Gleichgewicht der europäischen Mächte England, Frankreich, Preußen, Russland und Österreich-Ungarn wieder her und sah als eigentlichen Sieger England, das sich von da an seinen überseeischen Interessen widmete. Die im Zuge der napoleonischen Herrschaft erfolgten Veränderungen blieben zum Teil erhalten. Die Sehnsucht nach einer deutschen Nation war für alle, die mit nationalen Hoffnungen in die Befreiungskriege gezogen waren, mit der Schaffung des **Deutschen Bundes** nicht befriedigend erfüllt worden.

Bestimmend für die Verhältnisse in Mitteleuropa wurde nun der **preußisch-österreichische Dualismus** innerhalb des Deutschen Bundes. Der territoriale Schwerpunkt Österreichs verlagerte sich dabei nach Süden und Südosten (Balkan), während Preußen im Westen Land hinzugewann und sich als zentraleuropäische Macht etablieren konnte.

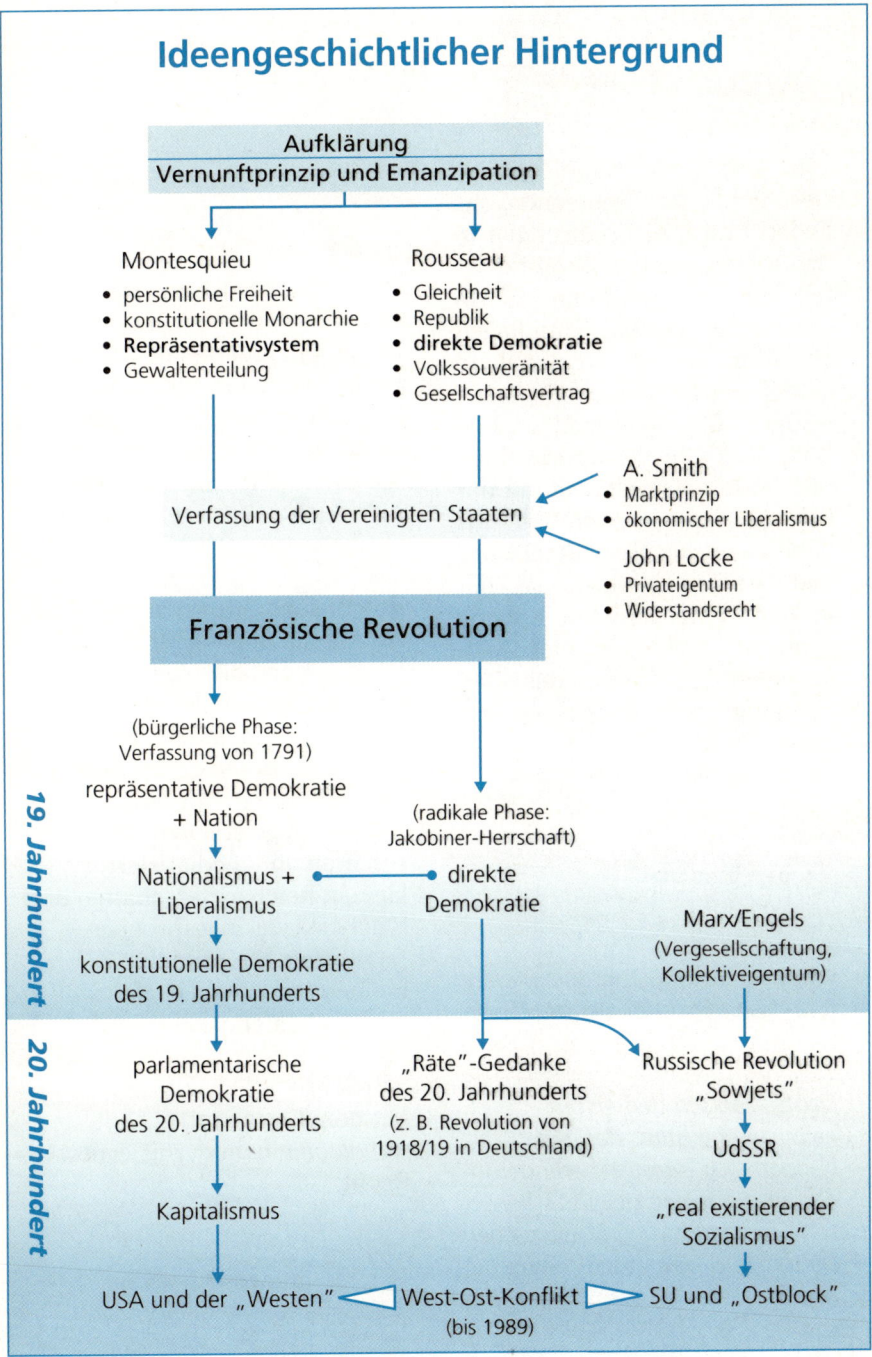

Ideengeschichtlicher Hintergrund

Aufklärung
Vernunftprinzip und Emanzipation

Montesquieu
- persönliche Freiheit
- konstitutionelle Monarchie
- **Repräsentativsystem**
- Gewaltenteilung

Rousseau
- Gleichheit
- Republik
- **direkte Demokratie**
- Volkssouveränität
- Gesellschaftsvertrag

A. Smith
- Marktprinzip
- ökonomischer Liberalismus

Verfassung der Vereinigten Staaten

John Locke
- Privateigentum
- Widerstandsrecht

Französische Revolution

(bürgerliche Phase: Verfassung von 1791)

repräsentative Demokratie + Nation

(radikale Phase: Jakobiner-Herrschaft)

Nationalismus + Liberalismus ● ● direkte Demokratie

Marx/Engels
(Vergesellschaftung, Kollektiveigentum)

konstitutionelle Demokratie des 19. Jahrhunderts

parlamentarische Demokratie des 20. Jahrhunderts

„Räte"-Gedanke des 20. Jahrhunderts
(z. B. Revolution von 1918/19 in Deutschland)

Russische Revolution „Sowjets"

UdSSR

Kapitalismus

„real existierender Sozialismus"

USA und der „Westen" ◁ West-Ost-Konflikt ▷ SU und „Ostblock"
(bis 1989)

19. Jahrhundert

20. Jahrhundert

2. Napoleon und die Neuordnung Deutschlands

1 „Am Anfang war Napoleon. Die Geschichte der Deutschen, ihr Leben und ihre Erfahrungen in den ersten eineinhalb Jahrzehn-
5 ten des 19. Jahrhunderts, in denen die ersten Grundlagen eines modernen Deutschland gelegt worden sind, steht unter seinem überwältigenden Ein-
10 fluß. […] Die Grundprinzipien der modernen Welt sind mit der Französischen Revolution ins Leben und ins Bewußtsein der Zeitgenossen getreten, sie hat
15 in der Weltgeschichte Epoche gemacht. Aber für die Deutschen ist der Umsturz der alten Ordnung reale Erfahrung erst unter Napoleon und in der
20 Form des Militär-Imperiums."

(Nipperdey, Th., Deutsche Geschichte 1800 – 1866, München 1983, S. 11)

Arbeitsaufträge

1. Worin liegt laut Text die Bedeutung Napoleons für Deutschland?

2. Inwiefern hat Napoleon in Deutschland in den ersten anderthalb Jahrzehnten des 19. Jahrhunderts konkrete Veränderungen in die Wege geleitet? Benutzen Sie dazu die chronologischen Daten und die Sachinformationen.

CHRONOLOGIE

1793
Nach dem Vordringen französischer Revolutionstruppen ins Rheinland gründen deutsche Professoren und andere Intellektuelle in Mainz einen **Jakobinerklub** nach französischem Vorbild und rufen einen „Rheinisch-deutschen Freistaat" aus.

1803
Reichsdeputationshauptschluss: Als Entschädigung für die im Frieden von Lunéville von 1801 an Frankreich abgetretenen linksrheinischen Gebiete erhalten die größeren deutschen Staaten die Territorien der säkularisierten geistlichen Herrschaften und mediatisierten kleinen Reichsritterschaften und Reichsstädte zugesprochen = territoriale Neuordnung; es bleiben jedoch noch 39 Einzelstaaten bestehen.

1804
Mit dem **Code Civil** schafft *Napoleon* ein modernisiertes Recht.

1806
16 süd- und westdeutsche Reichsfürsten schließen sich

unter der Schutzherrschaft (Protektorat) Napoleons zum **Rheinbund** zusammen. Daraufhin legt Franz II. die deutsche Kaiserkrone nieder: Ende des **„Heiligen Römischen Reiches Deutscher Nation".**

1807

Nach einer vernichtenden Niederlage gegen Napoleon 1806 muss Preußen im Frieden zu Tilsit auf einen großen Teil seines Gebietes verzichten und wird bis zur Zahlung hoher Kriegskontributionen besetzt.

1807 – 12

Preußische Reformen unter Stein und Hardenberg
Nach dem Sieg der russisch-preußisch-österreichischen Koalition in der „Völkerschlacht" bei Leipzig zerfällt die napoleonische Herrschaft, der Rheinbund löst sich auf.

1814/15

Territoriale Neuordnung Europas auf dem Wiener Kongress nach dem Sieg über Napoleon

1815

Gründung des Deutschen Bundes
Gründung der Heiligen Allianz

1818

Liberale Verfassungen in Baden und Württemberg

SACHINFORMATIONEN

Säkularisation

(lat. *Verweltlichung*) Übergang von Kirchengut in weltlichen Besitz, vor allem Aufhebung der geistlichen Territorien und ihre Übertragung an weltliche Fürsten durch Napoleon im *Reichsdeputationshauptschluss* 1803 als Entschädigung für die deutschen linksrheinischen Gebietsabtretungen an Frankreich.

Mediatisierung

Reichsunmittelbare Gebiete (z. B. Reichsstädte) wurden im Gefolge der napoleonischen territorialen Neuordnungen der Landeshoheit der Territorialstaaten unterstellt.

Code Civil / Code Napoléon

Auf Veranlassung Napoleons erarbeitetes *Zivilgesetzbuch*, das der bürgerlichen Besitz- und Marktgesellschaft die rechtliche Sicherung gab und in den deutschen Rheinbundstaaten geltendes Recht wurde. Aufgrund seiner aus der *Französischen Revolution* stammenden Grundgedanken, die auf die Aufhebung der Standesunterschiede (Gleichheit vor dem Gesetz, Anerkennung der individuellen Freiheit, Recht auf Eigentum, Aufhebung des Zunftzwanges, Trennung von Staat und Kirche durch obligate Zivilehe) abzielte und damit theoretisch sozialen Aufstieg ermöglichte, hat der Code Civil erheblichen Einfluss auf die Gesetzgebung in Europa ausgeübt.

Heiliges Römisches Reich Deutscher Nation

Titel des Deutschen Reiches bis 1806, das seit 962 als Nachfolger des Römischen Reichs galt. Mit dem Kölner Reichsabschied von 1512 wurde diese Bezeichnung die gebräuchliche *Gesamtformel* für den Herrschaftsbereich des abendländischen römischen Kaisers und der in ihm verbundenen Reichsterritorien vom Mittelalter bis 1806. 1815 empfand man das Heilige Römische Reich Deutscher Nation als überlebt und wollte den weitgehenden Friedenscharakter und die ständisch gebundenen Freiheiten seiner Ordnung nicht mehr nachvollziehen.

Preußische Reformen

1806/07 durchgeführt von *Stein* und *Hardenberg* angesichts des militärischen, politischen und wirtschaftlichen Zusammenbruchs Preußens im Krieg gegen Napoleon. Ziel war die Überwindung der feudalen Gesellschafts- und Herrschaftsformen in Preußen zur (Neu-)Aktivierung der bisher entmündigten Untertanen und zur Weckung ihres Interesses am preußischen Staat. Hierfür wurden verschiedene Reformen beschlossen. *Bauernbefreiung:* Aufweichung der traditionellen feudalen Gesellschaftsordnung durch Zugeständnis der persönlichen Freiheit, der Freizügigkeit und des Eigentumerwerbs.

Städtereform: städtische Selbstverwaltung durch Wahl der Stadtämter → Weckung von Selbstverantwortung und Verantwortung für das Gesamtwohl.

Heeresreform: Umwandlung des Söldnerheeres in ein Volksheer; höhere Armeeränge auch für Bürgerliche zugänglich; Leistungsprinzip statt Privilegien; allgemeine Wehrpflicht → stärkere Solidarisierung zwischen Volk und Staat.

Judenemanzipation: Prinzipiell gleiche bürgerliche Rechte und Pflichten wie alle anderen Staatsbürger; Erwerb von Grundbesitz gestattet; Besetzung städtischer und Universitätsämter möglich.

Bildungsreform (Wilhelm von Humboldt): Volksschul-, Gymnasial- und Universitätswesen als einheitliches staatliches Bildungssystem etabliert → Schaffung staatlich anerkannter Leistungskriterien als Voraussetzung für den Eintritt in den Staatsdienst: Bildung und Leistung sollten höher bewertet werden als Herkunft und Stand.

Weite Teile der besitzlosen (Land-)Bevölkerung hatten an den neuen „Freiheiten" allerdings keine Teilhabe. Nach der Niederlage Napoleons wurden die Reformen teilweise gehemmt bzw. ganz zurückgenommen. Insgesamt gesehen waren sie vorrangig ein Instrument zur Befreiung von der napoleonischen Fremdherrschaft.

Idee der Nation / des Nationalstaats

Eine Gruppe von Menschen, die sich durch gleiche Sprache, Abstammung, Tradition oder gemeinsames Bewusstsein zusammengehörig fühlt. Seit dem Beginn des 19. Jahrhunderts besteht das Bestreben, die Angehörigen einer Nation in einem Staat zu vereinigen, dem Nationalstaat.

Während der Begriff „Nation" in Frankreich politisch-emanzipatorisch, also im Sinne einer Beteiligung der Bürger an den Staatsgeschäften, verstanden wurde, leitete man ihn in Deutschland zunächst von gemeinsamen kulturellen und sittlichen Werten ab.

Kulturnation / Staatsnation

Als Reaktion auf die französische Besetzung brach auch in Deutschland ein zunächst *„emotionaler"* Nationalismus auf. Im Gegensatz zu den Franzosen, deren Nationalbewusstsein sich auf seit Jahrhunderten bestehende gemeinsame Grenzen gründete (Staatsnation), mussten die Deutschen sich angesichts ihrer territorialen Zersplitterung auf die gemeinsamen Kulturwerte der Sprache, Geschichte, Sitte, des Brauchtums, der Märchen und Sagen, des Rechts, der Religion, der Heimat (Kulturnation) beziehen. Die Deutschen machten die Erfahrung der Gemeinsamkeit zuerst als Kulturnation, die später den Boden für die politische Einheitsbewegung bereitete.

Liberalismus

In den Ideen der Aufklärung wurzelnde Staats- und Gesellschaftsauffassung, welche die freie geistige, politische und wirtschaftliche Entfaltung des Individuums vertritt und deshalb besonders für die *Menschenrechte,* die *Volkssouveränität,* das allgemeine, gleiche *Wahlrecht,* für die *Verfassung* und die parlamentarische Regierungsform einsteht.

Der Liberalismus war die Bewegung des aufsteigenden, besitzenden Bürgertums, war die Ideologie nationaler Freiheitsbestrebungen und war Impuls für die wirtschaftliche Entwicklung der bürgerlichen Gesellschaft. Er widersetzte sich konservativen Versuchen, die Errungenschaften der Französischen Revolution zurückzunehmen, lehnte aber auch frühsozialistische Herrschaftsmodelle ab. (→ Schaubild „Deutsche Parteien")

Der wirtschaftliche Liberalismus vertrat die Ansicht, dass sich der freie Wettbewerb zum Nutzen der gesamten Volkswirtschaft auswirke. Auch die soziale Frage sollte grundsätzlich nicht vom Staat, sondern durch Selbsthilfe gelöst werden: durch Familie, Vereine, Kirche. (→ Kapitel C 4)

Jakobiner(klub)

Nach französischem Vorbild von Intellektuellen 1793 gegründeter politischer Klub. Die Bezeichnung „Jakobiner" wurde auch außerhalb Frankreichs auf alle entschiedenen Anhänger der Revolution angewandt.

Rheinbund(-staaten) 1806 – 1813

Bündnis deutscher Fürsten unter dem Protektorat (Schutzherrschaft) Napoleons. Mit Hilfe der Rheinbundstaaten, die bedeutende Heereskontingente zu stellen hatten, beabsichtigte Napoleon seinen Herrschaftsbereich in Mitteleuropa zu festigen. 1806 erklärten die Rheinbundstaaten ihren Austritt aus dem Heiligen Römischen Reich Deutscher Nation, daraufhin legte Franz II. die deutsche Kaiserkrone nieder. Durch den Anschluss der meisten Mitgliedstaaten an das preußisch-russisch-österreichische Bündnis gegen Napoleon löste sich der Rheinbund 1813 auf.

3. Zusammenfassung

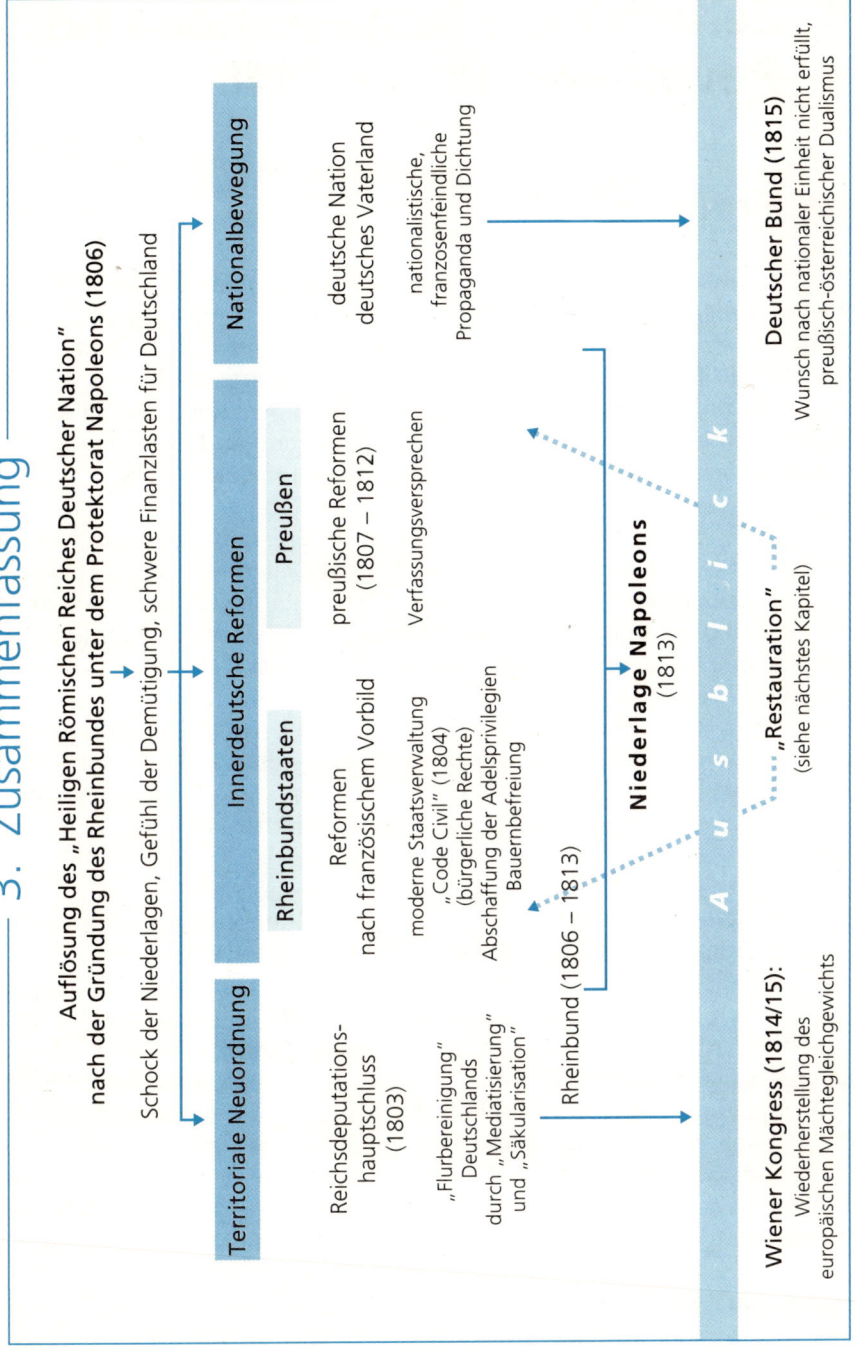

Auflösung des „Heiligen Römischen Reiches Deutscher Nation"
nach der Gründung des Rheinbundes unter dem Protektorat Napoleons (1806)

Schock der Niederlagen, Gefühl der Demütigung, schwere Finanzlasten für Deutschland

Territoriale Neuordnung

Innerdeutsche Reformen

Nationalbewegung

Rheinbundstaaten

Reformen
nach französischem Vorbild

moderne Staatsverwaltung
„Code Civil" (1804)
(bürgerliche Rechte)
Abschaffung der Adelsprivilegien
Bauernbefreiung

Rheinbund (1806 – 1813)

Preußen

preußische Reformen
(1807 – 1812)

Verfassungsversprechen

deutsche Nation
deutsches Vaterland

nationalistische,
franzosenfeindliche
Propaganda und Dichtung

Reichsdeputations-
hauptschluss
(1803)

„Flurbereinigung"
Deutschlands
durch „Mediatisierung"
und „Säkularisation"

Niederlage Napoleons
(1813)

Ausblick

„Restauration"
(siehe nächstes Kapitel)

Wiener Kongress (1814/15):
Wiederherstellung des
europäischen Mächtegleichgewichts

Deutscher Bund (1815)
Wunsch nach nationaler Einheit nicht erfüllt,
preußisch-österreichischer Dualismus

B Zeitalter der Restauration und Revolution 1815 – 1848

1. Einführung

Das Zeitalter der Restauration und Revolution umfasst die Zeit vom Wiener Kongress (1815) bis zum Scheitern der Revolution 1848/49. Dieser Zeitraum wurde bestimmt vom Gegensatz zwischen konservativen Fürsten, die die Monarchie und Fürstenherrschaft aufrechterhalten wollten, und dem nach Freiheitsrechten strebenden Bürgertum, dessen soziale Stellung durch die zunehmende Industrialisierung an Bedeutung gewonnen hatte und nun ein entsprechendes politisches Gewicht erstrebte.

Am Beginn dieses Zeitabschnitts stand die „restaurierte" europäische Ordnung des Wiener Kongresses, ein Werk vor allem der Monarchen und des österreichischen Staatskanzlers Fürst von Metternich. Ausdruck dieser Ordnung war die **Heilige Allianz**, ein Bündnis der christlichen Mächte mit Ausnahme Großbritanniens und des Vatikans zur Abwehr der in der Französischen Revolution freigesetzten Kräfte der Neuerung. Das Heilige Römische Reich wurde nicht wieder ins Leben gerufen, sondern durch den **Deutschen Bund**, einen losen Staatenbund souveräner Fürsten, ersetzt. Zusammengehalten wurde er von einem in Frankfurt unter österreichischem Vorsitz tagenden Gesandtenkongress, dem Bundestag.

Der Deutsche Bund war jedoch nicht das im Kampf gegen die französische Fremdherrschaft herbeigesehnte deutsche Vaterland. Enttäuschung, vor allem bei der liberal und national gesinnten studentischen Jugend, machte sich breit. Die nationale Bewegung, verbunden mit der liberalen Forderung nach einer Verfassung, breitete sich rasch aus und erfasste nahezu ganz Kontinentaleuropa. Überall in Europa erhoben sich die unterdrückten Völker zum Freiheitskampf gegen Fremdherrschaft oder die eigenen Fürsten: Polen und Ungarn, Griechen und Italiener, Tschechen und Kroaten. Deutsche Freiheitskämpfer solidarisierten sich zum Teil mit ihnen. Der repressive Polizeistaat des Fürsten Metternich konnte diesen Drang nach Freiheit und Einheit langfristig nicht unterdrücken.

Im Februar 1848 kam es zu einem Aufstand von Bürgern, Handwerkern und Arbeitern in Paris: Der „Bürgerkönig" Louis Philippe wurde abgesetzt und die Republik ausgerufen. Anfang März sprang der revolutionäre Funke auch auf Deutschland über und löste eine Kettenreaktion in den deutschen Einzelstaaten aus. Es kam zur Einrichtung liberaler Ministerien, Zugeständnisse an die Revolutionäre mussten gemacht werden. Alle Staaten stimmten der Durchführung allgemeiner und gleicher Wahlen zu einer Nationalversammlung zu. In der **Paulskirche** zu Frankfurt wurde eine neue Verfassung für ganz Deutschland beraten.

Bei der Beratung der neuen Reichsverfassung entzündete sich Streit über die Frage nach Form und Ausdehnung der Grenzen des künftigen Reiches (kleindeutsche oder großdeutsche Lösung), über das Wahlrecht und über das künftige Staatsoberhaupt. Die Fürsten waren nicht bereit, Macht an die Nationalversammlung abzugeben. Der preußische König lehnte die ihm angebotene Kaiserkrone im April 1849 ab. Die Ablehnung der Reichsverfassung durch Österreich und Preußen und einige weitere Staaten bedeutete das Ende der Nationalversammlung. Ein Rumpfparlament mit linksdemokratischer Mehrheit, das seinen Sitz nach Stuttgart verlegte, wurde nach nur wenigen Wochen militärisch auseinandergetrieben. Die Reaktion hatte gesiegt, die Revolution war gescheitert. Aber dennoch ließ sich der alte, vorrevolutionäre Zustand nicht wiederherstellen. Auch Preußen und Österreich hatten Verfassungen erhalten, allerdings „von oben" erlassen und ohne jegliche Mitwirkung der Völker.

Durch die zunehmende **Industrialisierung** erwuchsen weitere Probleme. Das rasche Anwachsen der Bevölkerung nach der Bauernbefreiung vergrößerte das Missverhältnis zwischen der Nachfrage nach Arbeit und dem Angebot an Arbeitsplätzen in den Fabriken. Die Konkurrenz billiger englischer Industriewaren überschwemmte den heimischen Markt, die Löhne in der unproduktiven Heimarbeit sanken. Große Teile der Bevölkerung litten unter Massenarmut. Hinzu traten Missernten, die zu regelrechten Hungerrevolten führten. Für viele war die Auswanderung in die Neue Welt der einzige Ausweg.

Die wirtschaftliche Entwicklung führte zur Organisation der Arbeiterschaft als neue gesellschaftliche Kraft, die im Liberalismus aber keine Vertretung fand. Der Sozialismus, insbesondere durch die Schriften von Karl Marx und Friedrich Engels geprägt, etablierte sich als geistige Strömung im Interesse der unteren Schichten.

2. Wiener Kongress und Deutscher Bund 1814/15

1. Josef Görres im „Rheinischen Merkur", 1814

1 „Deutschland steht harrend jetzt, was ihm für alle seine großen Opfer werden soll, dafür, daß es Gut und Blut [in den
5 Befreiungskriegen] hingeopfert, will es eine gute Sache haben. Darum soll der Frieden ein Nationalwerk werden, wie man den Krieg auch zu einem Werk
10 der Nation gemacht […] Damit aber der öffentliche Geist, wie er sich jetzt glücklicherweise in Deutschland entzündet hat, nachwirken könne, muß inne-
15 rer ständischer Verfassung eine verfassungsmäßige Stimme und eine Einwirkung in das Getriebe der Staatsverwesung [= -verwaltung] gestattet werden."

2. Die Heilige Allianz der Herrscher von Russland, Österreich und Preußen, 1815

1 Die drei verbundenen Fürsten sehen sich nur an als die Bevollmächtigten der Vorsehung, um drei Zweige einer und der-
5 selben Familie zu regieren […] damit bekennend, daß die christliche Nation, zu der sie und ihre Völker gehören, in Wahrheit keinen anderen Sou-
10 verän hat als den, dem allein die Macht gehört […] d. h. Gott. […]
Ihre Majestäten empfehlen daher ihren Völkern mit der
15 pünktlichsten Sorgfalt als das einzige Mittel dieses Friedens teilhaftig zu werden […], sich täglich mehr zu befestigen in den Grundsätzen und in der
20 Erfüllung der Pflichten, welcher der göttliche Heiland die Menschen gelehrt hat."

(Geschichte in Quellen, Das Bürgerliche Zeitalter 1815 – 1914, Hrsg. G. Schönbrunn, München 1980, S. 27)

3. Mitteleuropa 1815

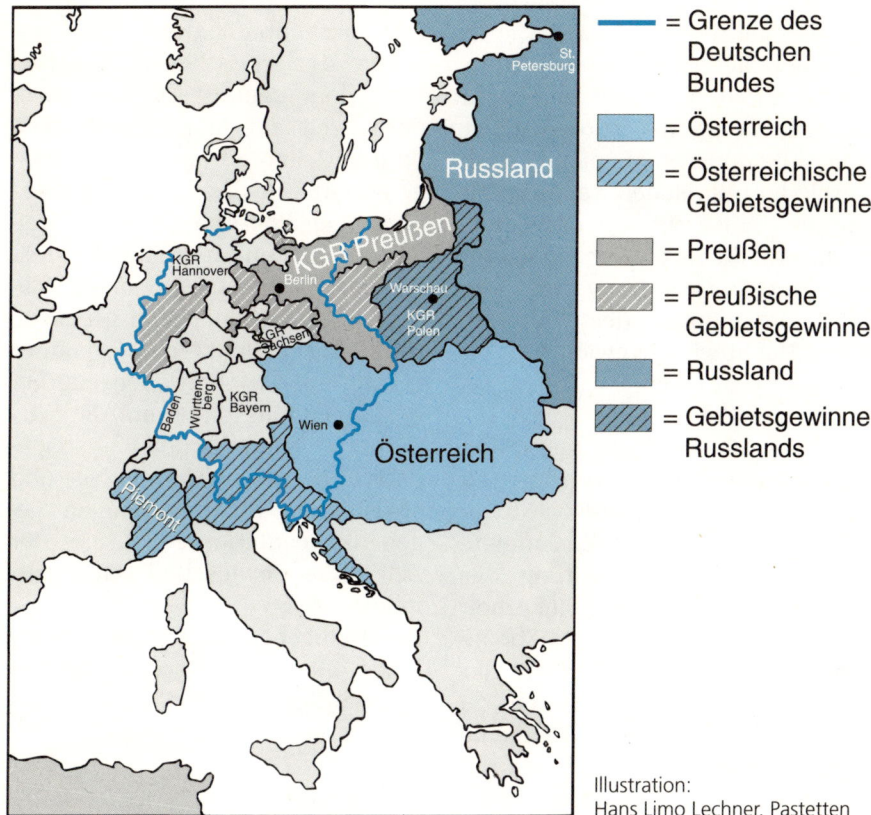

Legend:
- ──── = Grenze des Deutschen Bundes
- = Österreich
- = Österreichische Gebietsgewinne
- = Preußen
- = Preußische Gebietsgewinne
- = Russland
- = Gebietsgewinne Russlands

Illustration:
Hans Limo Lechner, Pastetten

Arbeitsaufträge

1. Welche beiden Forderungen erhebt Görres nach dem Sieg über Napoleon für Deutschland?

2. In welchem Sinnzusammenhang benutzt er den Begriff „Nation"?

3. Vergleichen Sie die geopolitischen Ergebnisse des Kongresses von 1815 mit den Forderungen nach einer deutschen Nation!

4. Vergleichen Sie den von der **Heiligen Allianz** verwendeten Nationenbegriff mit demjenigen von Görres!

5. Vergleichen Sie die Aussagen der „Heiligen Allianz" mit den Zielen der Französischen Revolution.

SACHINFORMATIONEN

Wiener Kongress

Nach der Niederlage Napoleons im Pariser Frieden 1814 vereinbarte Zusammenkunft der europäischen Monarchen und Staatsmänner zum Zweck der politischen Neuordnung Europas. Präsident war der österreichische Staatskanzler Fürst von Metternich. Zielsetzung war die Wiederherstellung des europäischen Mächtegleichgewichts

Deutscher Bund

Die souveränen deutschen Fürsten und freien Städte begründeten auf dem *Wiener Kongress 1815* in der Bundesakte einen Zusammenschluss, um die „Erhaltung der äußeren und inneren Sicherheit Deutschlands und die Unabhängigkeit und Unverletzlichkeit der einzelnen deutschen Staaten zu gewährleisten". Der Deutsche Bund bestand 1817 aus 39 Mitgliedern und war ein loser Staatenbund. Nach innen waren die einzelnen Staaten souverän. Organ des Deutschen Bundes war die Bundesversammlung (keine Volksvertretung, sondern ein loser Gesandtenkongress unter österreichischem Vorsitz).

Heilige Allianz

Die Heilige Allianz war das feierliche Versprechen Russlands, Preußens und Österreichs, das Zeitalter der Revolution zu beenden und sich in ihrer künftigen Innen- und Außenpolitik durch die Prinzipien der christlichen Religion, besonders dem Begriff der „Brüderlichkeit der Monarchen" (*Solidarität*), leiten zu lassen. Die Heilige Allianz war das Symbol der restaurativen Politik nach den Befreiungskriegen und hatte den Charakter eines Bündnisses, dem ein Solidaritätsversprechen und gegenseitiges Interventionsrecht gegenüber revolutionären Umtrieben zugrunde lag. Es ging dabei um die Wiederherstellung der absolutistisch-patriarchalischen (*Legitimität*) und christlichen Staatsordnungen gegen die revolutionären Kräfte der Zeit (Liberalismus und Nationalismus).

Der Heiligen Allianz traten in der Folge alle europäischen Mächte bei, außer Großbritannien und dem Vatikan.

Staatenbund

Einzelne Staaten schließen sich unter Beibehaltung ihrer Souveränität zu einem Zweckbündnis zusammen (z. B. EG).

Bundesstaat

Verbindung von Staaten (Bundesländern), die Teile ihrer Kompetenzen und Souveränität (z. B. militärische Streitmacht) an den gemeinsamen Bundesstaat abgegeben haben (z. B. Bundesrepublik Deutschland).

Ständische Verfassung

Die Bezeichnung „Landstände", die sich aus der ständischen Gliederung der Gesellschaft des Mittelalters und der Frühneuzeit herleitete, blieb im 19. Jahrhundert erhalten und bezog sich auf gewählte Volksvertretungen. Es bestand jedoch noch die Zensuswahl der in zwei Kammern zusammengefassten „Landstände".

Landständische Verfassung von Baden

(→ Karte unten)

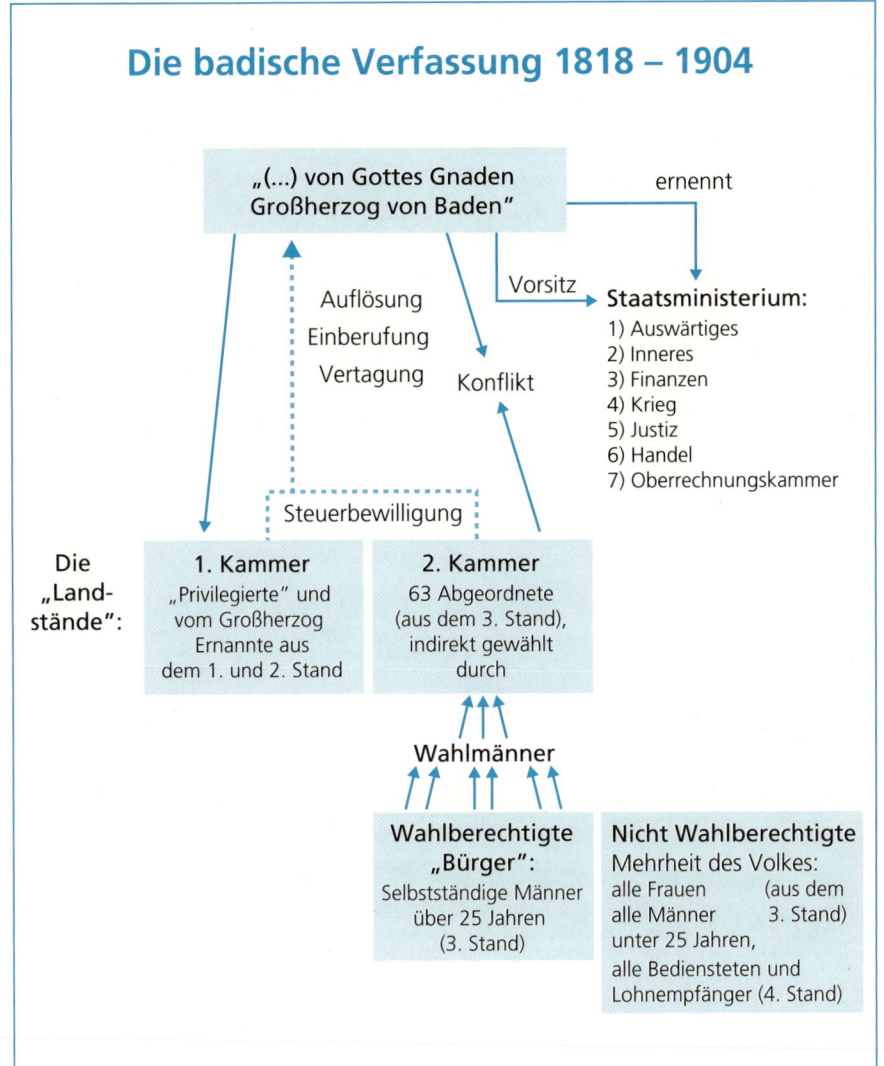

Die badische Verfassung 1818 – 1904

„(...) von Gottes Gnaden Großherzog von Baden"

ernennt

Auflösung
Einberufung
Vertagung

Vorsitz

Konflikt

Staatsministerium:
1) Auswärtiges
2) Inneres
3) Finanzen
4) Krieg
5) Justiz
6) Handel
7) Oberrechnungskammer

Steuerbewilligung

Die „Landstände":

1. Kammer
„Privilegierte" und vom Großherzog Ernannte aus dem 1. und 2. Stand

2. Kammer
63 Abgeordnete (aus dem 3. Stand), indirekt gewählt durch

Wahlmänner

Wahlberechtigte „Bürger":
Selbstständige Männer über 25 Jahren (3. Stand)

Nicht Wahlberechtigte
Mehrheit des Volkes:
alle Frauen (aus dem alle Männer 3. Stand) unter 25 Jahren, alle Bediensteten und Lohnempfänger (4. Stand)

Balance of Power

(„Gleichgewicht der Macht") Prinzip der englischen Außenpolitik; sollte das machtpolitische Gleichgewicht zwischen den europäischen Mächten wahren. Als sich im Laufe des 18. Jahrhunderts fünf Mächte herausgebildet hatten, nämlich Großbritannien, Frankreich, Preußen, Österreich und Russland, wurde das Gleichgewichtsprinzip allmählich zu einem ungeschriebenen außenpolitischen Gesetz, auf dessen Einhaltung insbesondere Großbritannien achtete. So war es ein Ziel des *Wiener Kongresses*, dieses Gleichgewicht wiederherzustellen.

Pentarchie

„Die Herrschaft der fünf", gemeint sind England, Frankreich, Preußen, Österreich und Russland. Der Begriff bezieht sich auf die Zeit des europäischen Mächtegleichgewichts, das nach dem Wiener Kongress erneuert wurde.

3. Reaktion und nationale Opposition 1815 – 1848

Brief Metternichs vom 4. Mai 1820 an den badischen Gesandten am österreichischen Hof über die deutsche Politik

1 „Die Zeit rückt unter Stürmen vorwärts: ihren Ungestüm aufhalten zu wollen, würde vergebliches Bemühen sein. […] Das
5 Ziel ist leicht zu bestimmen; in unseren Zeiten ist es nicht mehr und nicht weniger als die Aufrechterhaltung dessen, was vorhanden ist. […] Das Übel
10 war vor dem **Kongreß zu Karlsbad** zu einem solchen Grade gediehen, daß es nur einer unbedeutenden, politischen Verwicklung bedurft hätte, um die
15 gesellschaftliche Ordnung völlig umzustürzen. Die Weisheit des Systems, welches die großen Mächte annahmen, hat uns vor dieser Gefahr geschützt, die
20 selbst noch im gegenwärtigen Augenblick tödlich sein könnte. […]
In den gegenwärtigen Zeiten ist der Übergang vom Alten zum
25 Neuen mit ebensoviel Gefahr verbunden als die Rückkehr vom Neuen zu dem, was nicht mehr vorhanden ist. Beides kann gleichmäßig den Aus-
30 bruch von Unruhen herbeiführen. Auf keine Weise von der bestehenden Ordnung, welchen Ursprungs sie auch sei, abzuweichen, Veränderungen, wenn
35 sie durchaus nötig erscheinen, nur mit völliger Freiheit und nach reiflich überlegtem Entschluß vorzunehmen; dies ist die erste Pflicht einer Regie-
40 rung, die dem Unglück des Jahrhunderts widerstehen will."

(Aus: Metternich-Winneberg, R. Fürst [Hrsg.], Aus Metternichs nachgelassenen Papieren, 2. Teil 1816 – 1848, Bd. 1, S. 372 – 377)

Arbeitsaufträge

1. *Ordnen Sie das Schreiben in den historischen Kontext ein!*

2. *Erläutern Sie anhand des Briefes Metternichs Einstellung zu den historisch-politischen Schlagworten der „Legitimität" und „Restauration".*

3. *Welche praktische Politik entsprang einer solchen Einstellung?*

4. *Wie stand es zu diesem Zeitpunkt um die „Deutsche Frage"?*

CHRONOLOGIE

1815

Gründung der *Heiligen Allianz* aller christlichen Mächte (außer England) gegen nationale, revolutionäre und liberale Bestrebungen: gegenseitiges Interventionsrecht zum Schutze der alten Dynastien

1815

Gründung der *Deutschen Burschenschaften*: „Ehre – Freiheit – Vaterland!"

1817

Wartburgfest: erste Demonstration politischer Studentengruppen, Widerstand gegen Fürstenmacht: Verbrennung der Bundesakte

1819

Karl Sand ermordet den Dichter **Kotzebue** (Kritiker der oppositionellen Bewegung und als russischer Spion verdächtigt). Dies war der Anlass für die

1819

Karlsbader Beschlüsse: Verbot der Burschenschaften, Zensurbestimmungen. „**Demagogen**"-Verfolgung (v. a. Studenten und Professoren)

1830

Julirevolution in Frankreich gegen die Dynastie der Bourbonen: Ausweitung des Wahlrechts, Ministerverantwortlichkeit

1832

Hambacher Fest: Demonstration der politischen Opposition aller Schichten, etwa 20 000 bis 30 000 Personen, Forderung nach nationaler Einheit und Freiheit

1834

Verschärfung der Zensurbestimmungen, neue „*Demagogen*"-Verfolgungen, Emigration der Intelligenz (z. B. Marx, Heine)

1834

Gründung des **Deutschen Zollvereins** unter preußischer Führung bringt teilweise wirtschaftliche Einigung Deutschlands. Aufhebung der Schutzzölle und des Zunftzwangs setzt Handwerker der Konkurrenz aus → vorindustrieller Pauperismus (Armut)

1837

Protest der **Göttinger Sieben** (7 Professoren) gegen die Aufhebung der hannoverschen Landesverfassung, der ihre Amtsenthebung zur Folge hatte.

1840

Französische Forderungen nach der *Rheingrenze* entfachen nationale Proteststürme in Deutschland: „Deutschlandlied", „Die Wacht am Rhein" Thronbesteigung **Friedrich Wilhelm IV. von Preußen**

1847

Hungerkrise in Deutschland

1848

Februarrevolution in Frankreich, gegen Zensuswahl und für Allgemeines Wahlrecht, gegen soziale Deklassierung der Armen; König muss fliehen

1848

Revolution in fast allen deutschen Staaten; Einberufung einer Nationalversammlung in Frankfurt

SACHINFORMATIONEN

Fürst von Metternich (1773 – 1859)

Österreichischer Außenminister, später Staatskanzler, führender Politiker des *Wiener Kongresses*. Versuchte durch strenge Polizeiherrschaft alle nationalen und liberalen Strömungen niederzuhalten (*Konservatismus*). Der Ausbruch der Revolution von 1848 erzwang seine Entlassung.

Karlsbader Beschlüsse

Nach dem Mord an dem Dichter *Kotzebue* erließ Metternich Maßnahmen gegen die politische Opposition an den deutschen Universitäten: 1. Verbot der Burschenschaften und Überwachung der Universitäten, 2. Pressezensur, 3. Einsetzung einer polizeilichen Untersuchungsbehörde, 4. Eingreifen des Bundes bei Unruhen in den Einzelstaaten.

Burschenschaften

Studentenbewegung, die in der Zeit der Befreiungskriege entstanden war und die Einigung der deutschen Nation anstrebte.
Als Folge zunehmender Radikalisierung (→ Kotzebue) wurden die Burschenschaften durch die *Karlsbader Beschlüsse* als demagogische Bewegung verboten.

Restauration

Bezeichnung für die Wiederherstellung vorrevolutionärer Verhältnisse (1815 bis 1848). Grundprinzip war die Rückkehr zur vorrevolutionären *Legitimität*. (→ vorhergehendes Kapitel)

System Metternich

Seine Zielsetzung waren die Erhaltung der politischen Ordnung von 1815, die Unterdrückung revolutionärer Bewegungen und die Sicherung des Gleichgewichts der Mächte (*Heilige Allianz*).

„Junges Deutschland"

Gruppe junger Schriftsteller, die in Anlehnung an Heine und Börne die Freiheit des Individuums und des Geistes propagierten, sich für Verfassung und Demokratie einsetzten und gegen Fürstenherrschaft, Restauration und Bevormundung aussprachen.
Mit ihren Artikeln machten sie die Presse erstmals zum wichtigen Forum einer literarischen Bewegung.

Sand, Karl

Mitglied der Jenaer Burschenschaft, erstach 1819 den Schriftsteller *Kotzebue*, in dem er einen Feind der deutschen Sache sah. Seine Tat gab den Vorwand zu den *Karlsbader Beschlüssen* und den *Demagogen-Verfolgungen*.

Kotzebue, August von

Schriftsteller, ging 1781 in den russischen Staatsdienst, 1813 zum russischen Staatsrat ernannt und als politischer Beobachter nach

Deutschland entsandt. In seinem „Literarischen Wochenblatt" verspottete er die liberalen Ideen und patriotischen Ideale der Burschenschaften.

Göttinger Sieben

Sieben Göttinger Professoren, unter ihnen die Germanisten Jacob und Wilhelm Grimm, protestierten 1837 unter Berufung auf ihren Verfassungseid gegen die unrechtmäßige Aufhebung des Staatsgrundgesetzes des Kgr. Hannover und wurden daraufhin entlassen. Die liberale Öffentlichkeit feierte sie als Helden rechtmäßigen Widerstandes (*Demagogenverfolgungen*).

Demagogenverfolgung

(➜ Karlsbader Beschlüsse)

Friedrich Wilhelm IV., König von Preußen

Bestieg 1840 den preußischen Thron. Auf ihn richteten sich die Hoffnungen der Liberalen. Er wollte die Gegensätze versöhnen und Deutschland zu neuer Größe führen. Deutliche Zeichen setzte er mit der Rehabilitierung dreier Professoren der *Göttinger Sieben*. Zur großen Enttäuschung der Liberalen war er jedoch nicht bereit, Preußen eine Verfassung zu gewähren. Kritiker ließ er ihres Amtes entheben.

Zollverein

1834 durch die Einigung Preußens mit Bayern gegründet. Ziel war es, die zahlreichen innerdeutschen Zollschranken abzubauen und die Wirtschaft zu beleben. Es gab jedoch noch keine gemeinsame Währung. Voraussetzung für die Arbeit des Zollvereins war der Ausbau des innerdeutschen Verkehrsnetzes („Eisenbahnbau als siamesischer Zwilling" des Zollvereins, Fr. List). Preußen betrachtet den Zollverein als Station auf dem Weg zur politischen Einigung Deutschlands.

Zensuswahlrecht

Wahlrecht, gebunden an den Nachweis eines bestimmten Besitzes oder einer bestimmten Steuerleistung (Zensus)

4. Zusammenfassung

reactio   actio

Wiener Kongress
Deutscher Bund

(1815)

Deutsche Burschenschaft
„Ehre – Freiheit – Vaterland"

Wartburgfest: Verbrennung
der *Bundesakte* (1817)

Politischer Mord
an *Kotzebue* (1819)

Karlsbader Beschlüsse (1819)
„Wiener Schlussakte"
Unterdrückung
der nationalen Bewegung
mit polizeistaatlichen Mitteln

Julirevolution in Frankreich
(1830)

„Junges Deutschland"
„Hambacher Fest" (1832)

Wiener Ministerialkonferenz
Verschärfung der Pressezensur,
neue Demagogenverfolgung
(1834)

Emigranten nach Frankreich
Heine, Marx

Verfassungsbruch in Hannover
König Ernst August hebt die 1833
gewährte Verfassung auf

„Göttinger Sieben" (1837)

Französische Forderung
nach der Rheingrenze (1840)

Proteste im
patriotischen Deutschland
„Deutschlandlied"

Friedrich Wilhelm IV. von Preußen
= nationales Symbol (1840)

Amnestie der „Demagogen"
Einberufung der Landstände
zur Einrichtung einer Verfassung,
Verweigerung einer Verfassung

Aufstände in Paris (1848)

Aufstände in Berlin und Wien

5. Ursachen der Revolution

Zwei Reden des preußischen Königs Friedrich Wilhelm IV.

a) 11. April 1847

1 „Es ist Gottes Wohlgefallen gewesen, Preußen durch das Schwert groß zu machen, durch das Schwert des Krieges nach
5 außen, durch das Schwert des Geistes nach innen. […] Es drängt Mich zu der feierlichen Erklärung, daß es keiner Macht der Erde je gelingen soll, Mich
10 zu bewegen, das natürliche, gerade bei uns durch eine innere Wahrheit so mächtig machende Verhältnis zwischen Fürst und Volk in ein […] kon-
15 stitutionelles zu wandeln, und daß Ich es nun und nimmermehr zugeben werde, daß sich zwischen unserem Herrgott im Himmel und diesem Lande ein
20 beschriebenes Blatt, gleichsam als eine zweite Vorsehung eindränge, um uns mit seinen Paragraphen zu regieren und durch sie die alte heilige Treue
25 zu ersetzen.

(O. Jäger / F. Moldenhauer [Hrsg.], Auswahl wichtiger Aktenstücke zur Geschichte des 19. Jhdts., Berlin 1893, S. 194)

b) am 21. März 1848

1 „An mein Volk und die deutsche Nation! […] Ich habe heute die **alten deutschen Farben** angenommen und Mich und Mein
5 Volk unter das ehrwürdige Ban-

ner des deutschen Reiches gestellt. Preußen geht fortan in Deutschland auf […] Allgemeine Einführung wahrer konstitu-
10 tioneller Verfassungen, mit Verantwortlichkeit der Minister in allen Einzelstaaten […] werden allein solche sichere und innere Einheit bewirken und zu befesti-
15 gen imstande sein.

(E. R. Huber [Hrsg.], Dokumente zur deutschen Verfassungsgeschichte, Bd. 1. Stuttgart 1961, S. 365)

Arbeitsaufträge

1. Stellen Sie beim Vergleich der beiden Reden fest, in welcher Position sich der König jeweils befindet.

2. Vollziehen Sie anhand der Chronologie die Ereignisse nach, die zu einem solchen Umschwung in der Einschätzung der politischen Lage geführt haben.

3. Welche Ursachen können Sie anhand der vorhergehenden Kapitel und der Sachinformationen für den Ausbruch der 48er Revolution in Deutschland anführen?

CHRONOLOGIE

Europäische Staaten

1848

Erhebungen in Belgien, Italien, Polen, Frankreich und nahezu allen europäischen Staaten außer Großbritannien und Russland

Preußen

1840 – 61

Friedrich Wilhelm IV. amnestiert die „Demagogen", verweigert jedoch eine Verfassung. Zögernd entschließt er sich zur

1847

Berufung des Vereinigten Landtages (beratende ständische Vertretung).

18. 3. 1848

Barrikadenaufstand in Berlin: Friedrich Wilhelm zieht die Truppen aus der Stadt ab, beruft liberales Ministerium ein, huldigt unter Druck der Bevölkerung den **„Märzgefallenen"**, verspricht eine preußische **Nationalversammlung** zur Beratung einer Verfassung und die Lösung der nationalen Frage: Preußen soll fortan in Deutschland aufgehen.

Österreich

März 1848

Erster Aufstand in Wien, *Metternich* flieht, nationale Erhebungen in allen Reichsteilen, der kaiserliche Hof verspricht eine Verfassung.

Mai 1848

Zweiter Aufstand: Einberufung eines verfassunggebenden Reichstages

Oktober 1848

Dritter Aufstand: Barrikadenkämpfe, Bewaffnung des Proletariates

Deutscher Einigungsversuch

31. 3. – 4. 4. 1848

Frankfurter **Vorparlament**, Bundestag stimmt der Wahl einer Volksvertretung zu.

18. 5. 1848

Eröffnung der **Verfassunggebenden Nationalversammlung** in der Frankfurter *Paulskirche*

SACHINFORMATIONEN

Die deutschen Farben

Schwarz – Rot – Gold. Ehemals die Farben der nach dem *Wartburgfest* gegründeten Jenaer Burschenschaft. Sie lassen sich auf einen in den Freiheitskämpfen gegen Napoleon getragenen Waffenrock (schwarz mit rotsamtenen Aufschlägen) zurückführen. Später wurde dieser Fahne ein goldener Eichenzweig hinzugefügt.

Die Farben erfuhren in der Zeit der Repression und Verfolgung der Burschenschaften im Vormärz große Popularität, da sie die Sehnsucht nach nationaler Einheit symbolisierten.

Märzforderungen

Im Vorfeld der Revolution formulierte Forderungen nach Pressefreiheit, Schwurgerichten, Volksbewaffnung und einem *gesamtdeutschen Parlament*. Wirtschaftliche Schwierigkeiten und Missernten hatten den sozialen Druck erhöht und ließen Forderungen nach Beseitigung des bürgerlichen Eigentums laut werden.

Märzgefallene

Anlässlich einer Massendemonstration am 18. März 1848 vor dem Berliner Schloss, auf der die *Märzforderungen* durchgesetzt werden sollten, fielen aus ungeklärter Ursache Schüsse preußischer Truppen. Die Demonstranten errichteten Barrikaden, der Straßenkampf brach aus, in dessen Verlauf Friedrich Wilhelm IV. den Rückzug der Truppen befahl.

Der König wurde gezwungen, die Leichen der gefallenen Barrikadenkämpfer, die sich vor allem aus Arbeitern und Handwerkern rekrutierten, mit entblößtem Haupte zu ehren. Am 21. März zeigte sich der König mit schwarz-rot-goldener Binde am Arm und versprach die *Märzforderungen* zu erfüllen.

Märzministerien

Auf Druck der Straße in die Kabinette einzelner deutscher Staaten berufene *liberale* Minister

Vorparlament

Am 31. März trat dieses aus einem revolutionären Schritt geborene Parlament im Kaisersaal des Frankfurter Römer zusammen. Eine Versammlung von Politikern und Journalisten vor allem aus den süddeutschen Landtagen, die keinen direkten Auftrag des Volkes besaßen. Sie einigten sich auf die Wahl einer verfassunggebenden Nationalversammlung. Doch schon in diesen Verhandlungen kam es zu Auseinandersetzungen zwischen den Liberalen und Demokraten, weil Letztere die Wahl einer verfassunggebenden Nationalversammlung ablehnten und die revolutionäre Durchsetzung der neuen politischen Ordnung in Form einer Republik anstrebten. Die *Liberalen* unter von Gagern, dem späteren Präsidenten der Nationalversammlung, plädierten für „Freiheit, Volkssouveränität und Monarchie", die badischen radikalen *Demokraten* um Friedrich Hecker und Gustav Struve traten für die Abschaffung der Monarchie, die Aufhebung der stehenden Heere, des Berufsbeamtentums und der Klöster ein.

Da sich die Demokraten nicht durchsetzen konnten, verließen sie das Vorparlament. Es kam zur Spaltung der Demokraten in Gemäßigte und Radikale. Der radikale Flügel unter Hecker versuchte im Südwesten eine Republik zu errichten, was militärisch unterdrückt wurde.

Nationalversammlung

Grundsätzlich ist eine Nationalversammlung die Versammlung gewählter Volksvertreter, die zum Zweck einer Verfassungsgebung zusammentritt.

Die am 18. Mai 1848 in der Paulskirche in Frankfurt zusammengetretene und nach allgemeinem Stimmrecht gewählte Nationalversammlung (*Paulskirchenparlament*) war die erste gesamtdeutsche, frei gewählte Volksvertretung. Sie umfasste 586 Abgeordnete, die mit großer Mehrheit der Schicht des gebildeten Bürgertums angehörten (Juristen, Professoren, Lehrer, sog. *Honoratiorenparlament*). (→ Märzgefallene)

Grundrechte

Die Frankfurter Nationalversammlung berücksichtigte in ihrem Verfassungsentwurf erstmals in der deutschen Geschichte einen Grundrechtskatalog. Sie lehnte sich dabei an das Vorbild des klassischen Dokuments der Französischen Revolution, der *Erklärung der Menschen- und Bürgerrechte* von 1789, an: Individuelle Freiheits- und Eigentumsrechte (Freiheit der Meinungsäußerung, Freiheit der Person, Unverletzlichkeit und Recht auf Eigentum), politische Bürger- und Öffentlichkeitsrechte (Wahlrecht, Versammlungs- und Koalitionsrecht) sollten Rechtsgleichheit für alle Deutschen in einem noch zu definierenden Deutschland herstellen, um den Feudalstaat mit seinen nach Stand unterschiedlichen Rechten und Pflichten, mit seinen Privilegien für einzelne Gruppen abzulösen.

Pauperismus

Massenarmut in der Zeit von etwa 1800 – 1850, hervorgerufen durch ein starkes Bevölkerungswachstum bei fehlenden neuen Arbeitsmöglichkeiten sowie die durch *Bauernbefreiung* und Aufhebung der Zunftverfassung (preußische Reformen) bedingten Veränderungen des Gesellschaftsgefüges. Auf dem Land Kleinbauern und Tagelöhner, in den Städten arbeitslose Handwerker treffend, wurde der Pauperismus durch die Missernten und Hungersnöte in den 40er Jahren verstärkt.

6. Die Arbeit der Nationalversammlung in der Paulskirche

Nachrufe auf die Nationalversammlung in der Paulskirche

a) Mignon als Volkskammer-Sängerin

1 Kennst Du das Land, wo
Einheitsphrasen blüh'n,
In dunkler Brust Trennungs-
gelüste glüh'n,
5 Ein kühler Wind durch
Zeitungsblätter weht,
Der Friede still und hoch die
Zwietracht steht?
Kennst Du es wohl?
10 Dahin, dahin,
Möcht ich mit dir mein
Geliebter ziehn.

Kennst Du das Haus?
Auf Säulen ruht sein Dach,
15 Es hallt der Saal,
die Galerie hallt nach,
Und Volksvertreter steh'n
und seh'n sich an:
Was haben wir fürs arme Volk
20 getan?
Kennst Du es wohl?
Dahin, dahin …

(W. Grab / U. Friesel, Noch ist Deutschland
nicht verloren. Eine historisch-politische Ana-
lyse unterdrückter Lyrik von der Frz. Revolution
bis zur Reichsgründung, München 1970, S. 262)

b) Theodor Heuss

Theodor Heuss war der erste Bundespräsident
der Bundesrepublik Deutschland

1 „Sicher hat nie mehr eine deutsche Volksvertretung, vielleicht
aber auch sonst nie ein Parlament einer Welt, so viele
5 durch geistige Leistung hervorragende Männer besessen. Das
bleibt der Ruhm der Paulskirche, und es ist kein schlechter Ruhm."

c) Friedrich Engels

F. Engels, 1820 – 1895, schloss sich dem
„Bund der Kommunisten" an und verfasste
mit Karl Marx zusammen das „Kommunistische Manifest".

1 „Diese Versammlung alter Weiber hatte vom ersten Tag ihres
Bestehens mehr Angst vor der
geringsten Volksbewegung als
5 vor sämtlichen reaktionären
Komplotten sämtlicher deutscher Regierungen zusammen-
genommen."

(F. Engels, Revolution und Konterrevolution in
Deutschland, 1852)

Arbeitsaufträge

1. Erarbeiten Sie anhand der unterschiedlichen Materialien die The-
men, mit denen sich die Nationalversammlung auseinanderzuset-
zen hatte. Welche Problematik
ergab sich dabei für die politische
Arbeit der Paulskirchenversamm-
lung?

2. Bestimmen Sie die politischen Per-
spektiven der drei Verfasser.

CHRONOLOGIE

1848

18. Mai: Eröffnung der indirekt gewählten Nationalversammlung in der **Paulskirche** in Frankfurt:
Bildung parteiähnlicher Gruppierungen: Konservative bilden die „*Rechte*" (ca. 12%), konservative „**Liberale**" bilden „*Mitte*" oder „*Zentrum*" (ca. 40%), *linke Liberale* (ca. 30%). Die Demokraten spalten sich in gemäßigte „*Linke*" (ca. 12%) und radikale „*Linke*" (ca. 6%). Formulierung eines **Grundrechtekataloges**

29. Juni: Wahl des als liberal geltenden *Erzherzogs Johann von Österreich* zum Reichsverweser ohne Exekutivgewalt

Juli: Diskussion der neuen **Staatsgrenzen**, der Frage der künftigen **Exekutive**, der des *Wahlrechts* und der nach dem **Regierungssystem** für einen deutschen Nationalstaat (*Monarchie/Republik*)

26. August: Waffenstillstand von Malmö

September: Volksaufstand gegen die Nationalversammlung als Reaktion auf den Waffenstillstand von Malmö. Nationalversammlung lässt ihn durch preußisch-österreichische Truppen niederwerfen.

Oktober: Die Nationalversammlung beschließt: kein Reichsteil darf mit nichtdeutschen Ländern vereinigt werden. Beginn der *Verfassungs*debatte.

Dezember: Verkündigung der „*Grundrechte des deutschen Volkes*"

1849

März: Annahme der Reichsverfassung. König *Friedrich Wilhelm IV.* von Preußen wird die Kaiserkrone angeboten, die er am 4. April ablehnt. Ultimative Aufforderung **Schwarzenbergs**, dass der gesamte österreichische Staat zu Deutschland gehören müsse. Knappe Mehrheit für eine *kleindeutsche Lösung* (27. März)

21. April: Preußen lehnt die Verfassung ab.

Mai: Abberufung der preußischen und österreichischen Abgeordneten aus der Nationalversammlung durch ihre Regierungen

18. Juni: Preußische und württembergische Truppen lösen das nach dem Ende der Nationalversammlung in Stuttgart tagende Rumpfparlament auf.

SACHINFORMATIONEN

Grundrechtekatalog

Die Erklärung der Menschen- und Bürgerrechte anlässlich der Französischen Revolution 1789 beeinflusste die Formulierung der Grundrechte im 19. Jahrhundert. Die Grundrechte wurden zumeist in der Form von Bürgerrechten garantiert. So sah die Nationalversammlung in ihrem Entwurf einer Reichsverfassung einen ausführlichen Katalog von „Grundrechten des deutschen Volkes" vor. Deren Beratung zog sich über ein halbes Jahr hin. Man machte der Nationalversammlung daraufhin den Vorwurf, Zeit verschwendet und damit die Gegenrevolution gefördert zu haben.

Der Katalog formulierte in 14 Artikeln und 60 Paragraphen die Rechte der Deutschen. Mit der Verkündung der Freiheits- und Gleichheitsrechte des Individuums, der politischen Grundrechte der Koalitions-, Versammlungs- und Meinungsfreiheit wurden das metternichsche Polizeisystem und die letzten Reste der Feudalordnung beseitigt. Soziale Grundrechte wurden jedoch nicht aufgenommen.

Liberale

➜ Schaubild „Deutsche Parteien" (S. 95)

Großdeutsch oder Kleindeutsch

Großdeutscher Staat, also unter Beteiligung Österreichs und einem Staatsoberhaupt aus dem Hause Habsburg, oder die kleindeutsche Lösung, ohne Österreich, unter der Führung Preußens, war die zentrale Frage in den Beratungen der Nationalversammlung. Anfänglich favorisierten viele konservative Abgeordnete ebenso wie die süddeutschen Gegner Preußens eine Beteiligung Österreichs. Auch viele der republikanisch gesinnten Demokraten traten für eine großdeutsche Lösung ein. Da Österreich jedoch mit dem gesamten Staatsverband, also auch mit den nichtdeutschen Bevölkerungsteilen, in das neu zu schaffende Reich eintreten wollte, gingen viele „Großdeutsche" zur kleindeutschen Lösung über: In einem deutschen Reich zusammengefasste Einzelstaaten unter preußischer Führung, wie sie bereits der Deutsche Zollverein vorgezeichnet hatte.

Da jedoch der preußische König die angebotene Kaiserkrone ablehnte, scheiterte auch diese Lösung, bis sie durch Bismarcks Einigungspolitik im Sinne des kleindeutschen Nationalstaates unter preußischer Führung und unter Ausschluss Österreich-Ungarns entschieden wurde.

Staatsrenzen / Exekutive / Regierungssystem

An diesen Fragen entzündeten sich die Debatten in der Paulskirche:

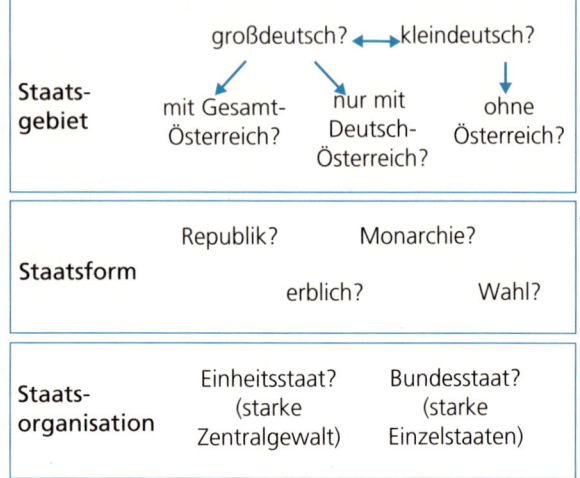

Staats-gebiet	großdeutsch? ←→ kleindeutsch?
	mit Gesamt-Österreich? — nur mit Deutsch-Österreich? — ohne Österreich?

Staatsform	Republik? Monarchie?
	erblich? Wahl?

Staats-organisation	Einheitsstaat? (starke Zentralgewalt) Bundesstaat? (starke Einzelstaaten)

Schwarzenberg, Felix Fürst zu

Anfangs Offizier und Gesandter, wurde er im November 1848 österreichischer Ministerpräsident. Er führte die Thronbesteigung des 18-jährigen Kaisers Franz Joseph herbei, um dann mit Rücksichtslosigkeit die reaktionäre Fürstenmacht wiederherzustellen. Die Märzverfassung von 1848 hob er auf, und es wurde eine Verfassung von oben erlassen, in der die Unteilbarkeit des habsburgischen Reiches festgeschrieben wurde.

Waffenstillstand von Malmö

Preußische Truppen hatten sich, getragen von der Zustimmung der Nationalversammlung, welche keine eigenen Exekutivorgane (keine Truppen) hatte, zugunsten Schleswigs gegen Dänemark engagiert. Auf russischen und englischen Druck (beide Mächte wollten keine deutsche Großmacht an den Meerengen zwischen Ost- und Nordsee) musste Preußen in den Waffenstillstand einwilligen. Die Paulskirche lehnte diesen Waffenstillstand mit großer Mehrheit ab. Da es dem Parlament aber an Macht fehlte, Preußen zur Wiederaufnahme des Krieges zu zwingen, machte die Paulskirche ihren Beschluss rückgängig und stimmte dem als nationale Schande empfundenen Waffenstillstand zu. Die Debatten um die Anerkennung des Waffenstillstandes vertieften die Spaltung zwischen den Konstitutionellen und den Demokraten. Konservative und viele Liberale stimmten in Anerkennung der internationalen Machtkonstellation für den Waffenstillstand von Malmö, während sich die Linke vor allem aus Sorge um den Fortgang der Revolution dagegen aussprach (257 : 236 Stimmen).

Europäische Mächte

Eine Veränderung innerhalb Deutschlands, und damit des europäischen Gleichgewichts, berührte die Interessen der Großmächte. An die Stelle des schwachen, zersplitterten Mitteleuropas sollte unter Umständen ein geeinter und damit starker Nationalstaat treten.

Russland wandte sich gegen jede revolutionäre bzw. liberale Bewegung.

England sorgte sich um das Gleichgewicht der Mächte, welches ihm den Rücken bei der Verfolgung überseeischer Interessen freihalten sollte.

Frankreich als Land revolutionärer Tradition zeigte teilweise Verständnis für die deutsche Revolution, fürchtete jedoch einen großen Nationalstaat an seiner Ostgrenze.

7. Das Scheitern der Revolution

a)

Wie der deutsche Michel alles wieder von sich gibt (Anonyme deutsche Karikatur)

(Aus: Chr. Zentner, Deutschland 1870 bis heute, Stuttgart – Hamburg 1970, S. 24)

b) Erklärung feinsinniger Vaterlandsfreunde

1 [...] Nur eine größere Konzentrierung der militärischen und politischen Gewalt, verbunden mit einem deutschen Parlament
5 wird eine Befriedigung des politischen Geistes in Deutschland [...] herbeiführen können. Solange das deutsche Volk [...] nicht allein von einer revolu-
10 tionären Erhebung Rettung vor

inneren und äußeren Gefahren sucht, ist der natürliche Weg: daß eine der beiden großen deutschen Regierungen die Re-
15 form unserer Bundesverfassung ins Leben zu führen unternimmt.[...] Ein großer Teil von Deutschland [...] hegt daher die Erwartung, daß Preußen
20 [...] die Initiative für eine möglichst rasche Einführung einer einheitlichen und freien Bundesverfassung ergreift. [...] Und besser ist es doch, einen Teil
25 seiner Regierungsbefugnisse auf eine deutsche Bundesgewalt zu übertragen, als sie ganz an Frankreich oder Rußland zu verlieren. Groß sind die Gefah-
30 ren für Deutschland. Nur rasche Entschlüsse können Hilfe bringen. Möge daher Preußen nicht länger zögern [...]. (1859)

(Hans Fenske [Hrsg.], Der Weg zur Reichsgründung 1850 – 1870. Quellen zum politischen Denken der Deutschen im 19. Jahrhundert, Bd. V, Darmstadt 1977, S. 172 ff)

Arbeitsaufträge

1) Deuten Sie die einzelnen Bildelemente.

2) Erarbeiten Sie den in der Textquelle vorgeschlagenen Weg zur deutschen Einigung.

3) Welche Konsequenzen könnten sich hieraus für die Stellung der Liberalen im künftigen Deutschen Reich ergeben?
Stellen Sie anhand der gesamten Informationen über die 48er Revolution die Gründe für das Scheitern der Nationalversammlung zusammen.

CHRONOLOGIE

1849

März: Oktroyierung einer **Verfassung** in Österreich, Ablehnung eines deutschen Bundesstaates durch die österreichische Regierung

21. April: Friedrich Wilhelm IV. von Preußen lehnt deutsche Kaiserkrone ab; Ablehnung der **Paulskirchenverfassung** durch Preußen

18. Juni: Ende der Nationalversammlung; Sprengung des Stuttgarter **Rumpfparlaments** durch preußische und württembergische Truppen; *Scheitern* der Revolution

1850

Friedrich Wilhelm IV., König von Preußen, erlässt eine **oktroyierte Verfassung** mit **Dreiklassenwahlrecht**.

Unionspläne Preußens

Pläne des Eintritts Gesamtösterreichs in den Deutschen Bund

Vertrag von Olmütz

1851
Napoleon III. wird französischer Kaiser

1854 – 56
Krimkrieg

1859
Italienischer Einigungskrieg

1859
Gründung des **Nationalvereins**

1859 – 1862
Neue Ära in Preußen

SACHINFORMATIONEN

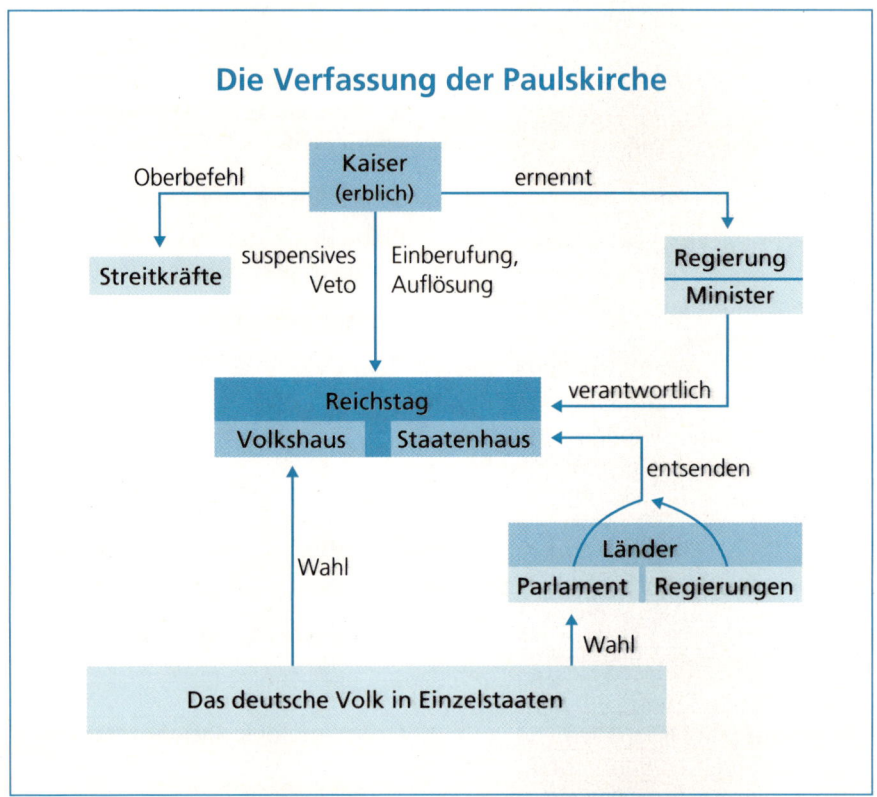

Die Verfassung der Paulskirche

Rumpfparlament

Nach Ablehnung der Kaiserkrone durch Friedrich Wilhelm IV. von Preußen verließen die Abgeordneten der Rechten und der Mitte die Nationalversammlung, Preußen berief seine Abgeordneten ab. Etwa 100 Abgeordnete der Linken zogen nach Stuttgart, wo sie die parlamentarische Arbeit fortzuführen versuchten.

Oktroyierte Verfassung

Bezeichnet eine Verfassung, die vom Staatsoberhaupt ohne Beteiligung des Parlaments erlassen wird, beispielsweise die von Friedrich Wilhelm IV. von Preußen erlassene, bis 1918 im Wesentlichen gültige preußische Verfassung. Sie sah ein Zweikammersystem vor: Das Herrenhaus bestand aus vom König bestimmten Standesherren, das Abgeordnetenhaus kam durch mittelbare Wahlen (Wahlmänner) zustande, bei denen das Volk in drei Steuerklassen eingeteilt war, was auf eine Begünstigung der Besitzenden hinauslief.

Dreiklassenwahlrecht

Diese Form des Zensuswahlrechtes, die für die Wahlen zum preußischen Abgeordnetenhaus 1849 bis 1918 galt, beruhte auf der Absicht, die politische Mitwirkung von Besitz und Einkommen abhängig zu machen. Die gesamte wahlberechtigte Bevölkerung wurde nach ihrem Steueraufkommen auf drei Wahlklassen verteilt. Jede brachte ein Drittel der Gesamtsteuern auf und durfte ein Drittel der Abgeordneten wählen. Daraus ergab sich, dass wenige Begüterte ebenso viele Vertreter in den Land-

tag entsenden konnten wie viele Arme. Um 1850 waren in der ersten Steuerklasse 4,7%, in der zweiten 12,6% und in der dritten 82,7% der Wahlberechtigten.

Unionspläne und Vertrag von Olmütz

zwischen Österreich und Preußen. Preußen muss seine Pläne, die deutsche Einigung durch einen Fürstenbund unter preußischer Führung zu erreichen, aufgeben.

Napoleon III.

In der Pariser Februarrevolution von 1848 musste der „Bürgerkönig" Louis Philippe fliehen. Die Wahl des neuen Königs fiel auf Louis Napoleon, den Neffen Napo-

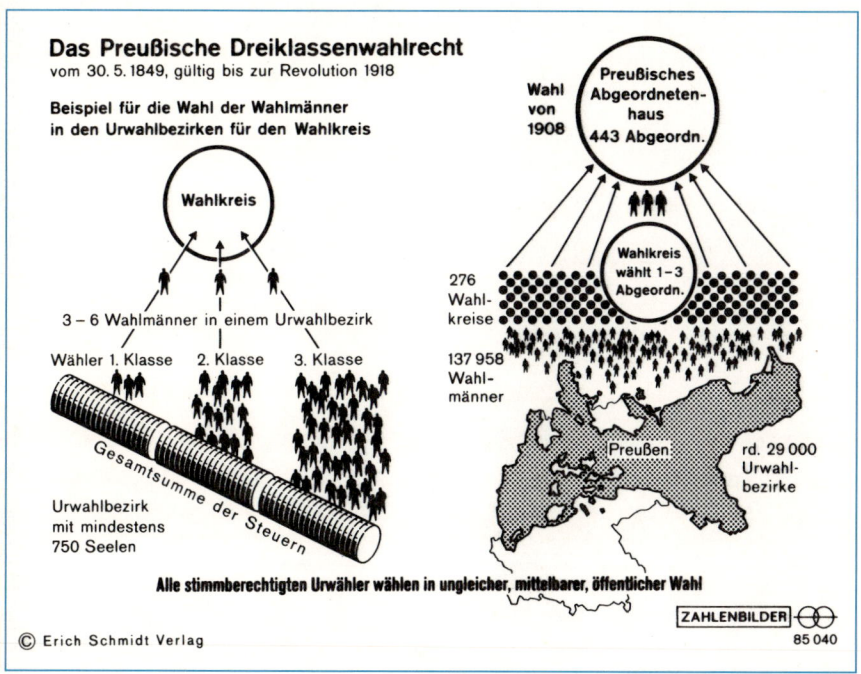

Das Preußische Dreiklassenwahlrecht
vom 30. 5. 1849, gültig bis zur Revolution 1918

Beispiel für die Wahl der Wahlmänner in den Urwahlbezirken für den Wahlkreis

Wahlkreis

3 – 6 Wahlmänner in einem Urwahlbezirk

Wähler 1. Klasse   2. Klasse   3. Klasse

Gesamtsumme der Steuern

Urwahlbezirk mit mindestens 750 Seelen

Wahl von 1908

Preußisches Abgeordnetenhaus 443 Abgeordn.

Wahlkreis wählt 1–3 Abgeordn.

276 Wahlkreise

137 958 Wahlmänner

Preußen

rd. 29 000 Urwahlbezirke

Alle stimmberechtigten Urwähler wählen in ungleicher, mittelbarer, öffentlicher Wahl

ZAHLENBILDER

© Erich Schmidt Verlag

85 040

leons. Er führte 1851 einen Staats-
streich durch, löste die Nationalversammlung auf, ließ das Kaiser-
tum beschließen und nannte sich
Napoleon III. Er galt als Vertreter
revolutionärer Ideen.

Krimkrieg

Krieg Russlands mit dem Osmanischen Reich, Großbritannien und
Frankreich. Ursache war der Versuch des zaristischen Russland auf
den Balkan vorzudringen und eine
Kontrolle über die Meerengen zu
gewinnen. Gleichzeitig wollte sich
das zaristische Regime, das innenpolitisch unter Druck stand, durch
einen außenpolitischen Erfolg stabilisieren. Der Krieg endete mit
einer Niederlage Russlands.

Nationalverein

Bestand von 1859 – 1867, setzte
sich aus links- und nationalliberalen Politikern zusammen und trat
für eine kleindeutsche Lösung
unter der Führung Preußens ein.

Neue Ära

Wilhelm I. von Preußen ernennt
ein liberales Ministerium und führt
eine Heeresreform durch.

8. Zusammenfassung

Die „Fieberkurve" der Revolution von 1848/49

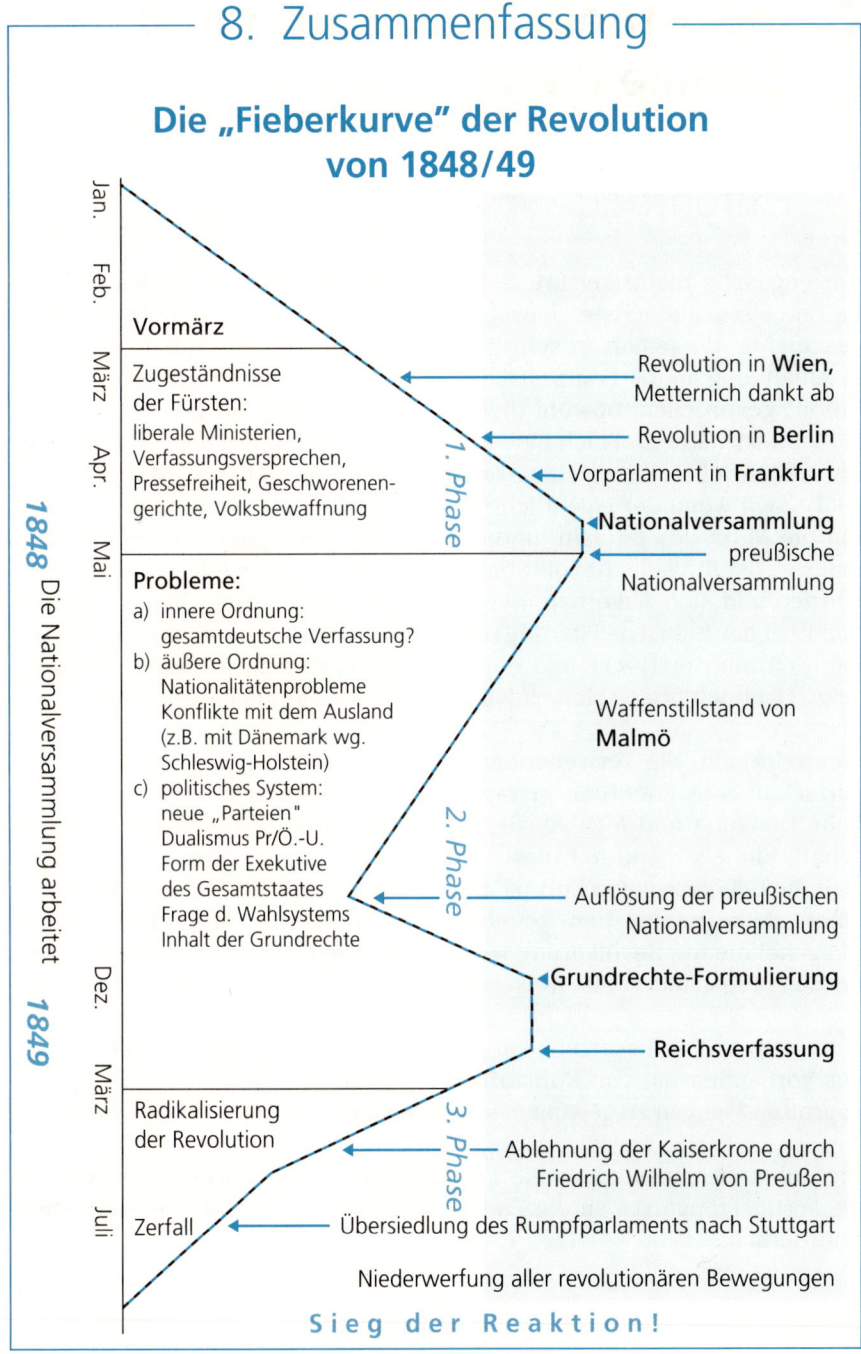

Jan.		
Feb.		
März	**Vormärz**	Revolution in **Wien,** Metternich dankt ab
	Zugeständnisse der Fürsten:	Revolution in **Berlin**
Apr.	liberale Ministerien, Verfassungsversprechen, Pressefreiheit, Geschworenengerichte, Volksbewaffnung	Vorparlament in **Frankfurt**
Mai		**Nationalversammlung** preußische Nationalversammlung

1. Phase

1848 Die Nationalversammlung arbeitet **1849**

Probleme:

a) innere Ordnung:
   gesamtdeutsche Verfassung?
b) äußere Ordnung:
   Nationalitätenprobleme
   Konflikte mit dem Ausland
   (z.B. mit Dänemark wg.
   Schleswig-Holstein)
c) politisches System:
   neue „Parteien"
   Dualismus Pr/Ö.-U.
   Form der Exekutive
   des Gesamtstaates
   Frage d. Wahlsystems
   Inhalt der Grundrechte

Waffenstillstand von **Malmö**

2. Phase

Auflösung der preußischen Nationalversammlung

Grundrechte-Formulierung

Reichsverfassung

Radikalisierung der Revolution

3. Phase

Ablehnung der Kaiserkrone durch Friedrich Wilhelm von Preußen

Zerfall

Übersiedlung des Rumpfparlaments nach Stuttgart

Niederwerfung aller revolutionären Bewegungen

S i e g   d e r   R e a k t i o n !

C Industrielle Revolution und Soziale Frage

1. Einführung

Der englische Historiker Eric J. Hobsbawm nannte die Industrielle Revolution „die gründlichste Umwälzung menschlicher Existenz in der Weltgeschichte, die jemals in schriftlichen Dokumenten festgehalten wurde". In Anlehnung an die Französische Revolution wird zwar von einer „Revolution" gesprochen, obwohl dieser Prozess keinen fest zu definierenden Höhepunkt hatte und sich bis in die Gegenwart hin fortsetzt. Die Anfänge der industriellen Entwicklung reichen bis ins ausgehende Mittelalter zurück, auch wenn der eigentliche Beginn der Industrialisierung in England um die Mitte des 18. Jahrhunderts gesehen wird. Ähnlich wie die sogenannte „Neolithische Revolution", in deren Verlauf die Menschen sesshaft wurden und sich Ackerbau und Viehzucht entwickelten, handelt es sich auch bei der Industrialisierung um einen Prozess, der sich über einen langen Zeitraum erstreckt und eine regional unterschiedliche Ausprägung zeigt. Dennoch lassen sich einige gemeinsame Merkmale erkennen:

Landreformen, die Verwendung neuer Anbauweisen wie Fruchtwechselwirtschaft, die Züchtung ertragreicher Nutztiere und -pflanzen, künstliche Düngung und Mechanisierung erhöhten die Erträge der Landwirtschaft. Einhergehend mit dieser **agrarischen Revolution** vervierfachte sich die Bevölkerung in Europa zwischen 1700 und 1900, sodass auch von einer **demographischen Revolution** gesprochen werden kann. Durch die zunehmende Bevölkerung wurden Arbeitskräfte für die schnell wachsenden Industriebetriebe freigesetzt.

Eine weitere Voraussetzung für eine erfolgreiche Industrialisierung war das Vorhandensein von **Rohstoffen**, die auch verhältnismäßig leicht und in großen Mengen zu gewinnen sein mussten.

Die Rohstoffe mussten an die Produktionsstätten gebracht werden und die Fertigerzeugnisse an die Endverbraucher, das machte **Verkehrswege** erforderlich.

Nicht zuletzt waren auch **politische Rahmenbedingungen** notwendig, zu denen gewisse Freiheitsrechte für die Initiatoren der wirtschaftlichen Entwicklung, die zum großen Teil aus dem Bürgertum stammten, gehörten. Aber auch eine klare Regelung des Währungs- und Zollsystems, eine Sicherung der Märkte und internationalen Handelswege waren notwendige Voraussetzungen für den industriellen „take off". Die Voraussetzungen für eine Industrialisierung waren in **England** besonders günstig:

*   Seit den Bürgerkriegen des 17. Jahrhunderts hatte England eine lange Phase der politischen Stabilität erlebt.

*   Als vorherrschende Seemacht kontrollierte es die Seewege zu den Rohstoffen und für den Gütertransport. Im 18. und 19. Jahrhundert war England Mittelpunkt des Welthandels.

*   Bürgertum und Handwerker besaßen notwendige Freiheitsrechte. Ingenieure und Techniker gaben der Industrialisierung die meisten Impulse. Das Angebot an qualifizierten und flexiblen Arbeitskräften war groß.

*   England besaß einen relativ großen Binnenmarkt mit einem geregelten Zoll- und Finanzsystem (Bank of England, seit 1694) und dazu einen Exportmarkt (Europa und die Kolonien).

*   Kohle als wichtiger Energieträger war reichlich vorhanden.

*   Schon früh wurden die Verkehrswege (Kanäle, Eisenbahn, Straßen) ausgebaut und erweitert.

*   England besaß eine leistungsfähige Landwirtschaft, sodass um 1800 nur noch ein Drittel der Bevölkerung in diesem Sektor tätig war.

Die Textilindustrie wurde zur ersten Wachstumsbranche, die aufgrund ihrer kostengünstigen Fertigung die kontinentalen und überseeischen Absatzgebiete eroberte. Bis weit ins 19. Jahrhundert hinein war England der führende Produzent von Industriegütern, es war „die Werkstatt der Welt" und brauchte lange Zeit keinen Konkurrenten zu fürchten.

Etwa ab 1830 setzte der Industrialisierungsprozess in **Deutschland** ein, phasenverschoben und noch vor der Gründung eines einheitlichen Wirtschaftsraumes. Die Gründe für diesen zeitlichen Rückstand gegenüber England lassen sich aus der besonderen historischen Situation des Landes erklären. Ungefähr 1800 Zollschranken erschwerten den Handel in einem Wirtschaftsgebiet, das sich als ein Konglomerat kleiner und autarker Märkte mit starren Ständegesellschaften darstellte. Noch um 1800 lebten vier Fünftel der Bevölkerung in und von der Landwirtschaft, deren Organisationsform die adelige Gutsherrschaft war. Freiheitsrechte wurden von absolutistisch herrschenden Fürsten Bürgern, Handwerkern und Bauern länger verwehrt als in England.

Erst die Bauernbefreiung, die Einführung der Gewerbefreiheit und die staatlich geförderte technische Ausbildung in den ersten Jahrzehnten des 19. Jahrhunderts führten dazu, dass der Vorsprung Englands allmählich aufgeholt werden konnte. Trotz der napoleonischen „Flurbereinigung" bestand der Deutsche Bund noch immer aus einer Anzahl souveräner Staaten mit eigenen Zöllen, Maßen und Währungen. Durch den Zusammenschluss des preußischen und süddeutschen Zollvereins entstand 1834 ein einheitlicher deutscher Wirtschaftsraum.

Der Übergang zur industriellen Produktion vollzog sich in Deutschland etwa gleichzeitig mit dem **Bau von Eisenbahnen.** Er hatte, ähnlich wie die Textilindustrie in England, eine entscheidende Schubwirkung auf die deutsche Wirtschaft. Der Eisenbahnbau bewirkte den Zustrom großer Massen ehemals ländlicher Arbeiter in die entstehenden industriellen Zentren und schuf darüber hinaus die weiträumigen Märkte für die industrielle Massenfertigung.

In den 50er Jahren des letzten Jahrhunderts führte der Eisenbahnbau zu einem Aufschwung in der Schwerindustrie und im Maschinenbau, der Deutschland in den 70er Jahren des 19. Jahrhunderts an das Industrialisierungsniveau seiner westeuropäischen Konkurrenten heranführte. Die Bereitstellung von Kapital wurde zu großen Teilen von staatlicher Seite (Banken) aus geregelt.

In einem zweiten, noch weit dynamischeren Aufschwung entstand eine – auch im Weltmaßstab – bedeutende Elektro- und chemische Industrie. Stand der Aufschwung der deutschen Industrie in den 50er Jahren noch ganz im Schatten Englands, so gelang es ihr, in den 70er und 80er Jahren den Anschluss zu gewinnen und sich um 1900 neben den USA an die Spitze der industriellen Weltproduktion vorzuschieben.

Die Folgen der Industrialisierung waren jedoch nicht nur auf den wirtschaftlichen und technischen Wandel begrenzt, sondern erfassten die gesamte Gesellschaft und veränderten ihre sozialen Kategorien, Lebensformen, Lebensräume, Einstellungen, Lebensstile und den Alltag vollständig. Durch die Lösung der Industrie von traditionellen Standorten im Zuge des Ausbaus der Verkehrswege und der Nutzung neuer Energieformen waren industriell geprägte Ballungsräume und neue soziale Schichten und Klassen entstanden; die Verstädterung wurde zum äußeren Merkmal eines Wandlungsprozesses, der bis heute noch nicht abgeschlossen ist.

Die radikale Änderung der Lebens- und Arbeitswelt stürzte weite Teile der unteren Bevölkerungsschichten in soziales Elend. Es war vor allem der Übergang von der Ständegesellschaft zur Leistungsgesellschaft mit ihren besonderen Arbeits- und Gratifikationsbedingungen, der die „soziale Frage" zum zentralen gesellschaftlichen Problem des Jahrhunderts werden ließ. Das kapitalistische Wirtschaftssystem schuf eine Zweiklassen-Gesellschaft mit sich verschärfenden Gegensätzen und Existenzsicherungsproblemen:

- Die Veränderung der Lebensformen brachte eine Entwurzelung weiter Teile der Bevölkerung mit sich, in der die alten Sozialbindungen aufgelöst wurden: Orientierungslosigkeit, Existenzängste, soziale und konjunkturelle Risiken waren (und sind) die Folgen.

- Niedrige Einkommen, hervorgerufen durch ein Überangebot an Arbeitskräften, setzte weite Kreise der Bevölkerung existenzgefährdender Armut aus. Vor dem Hintergrund eines ungehemmten Laissez-faire-Kapitalismus ist lange Zeit die Verelendung großer Bevölkerungsteile ignoriert worden.

- Hinzu kamen zyklische Konjunktureinbrüche, die Massenarmut und Verelendung verstärkten und den sozialen Frieden sowie die Leistungsfähigkeit der Gesellschaft gefährdeten. Der Staat sah sich vor die Notwendigkeit gestellt, in der sozialen Frage Abhilfe zu schaffen.

2. Industrielle Revolution

I.

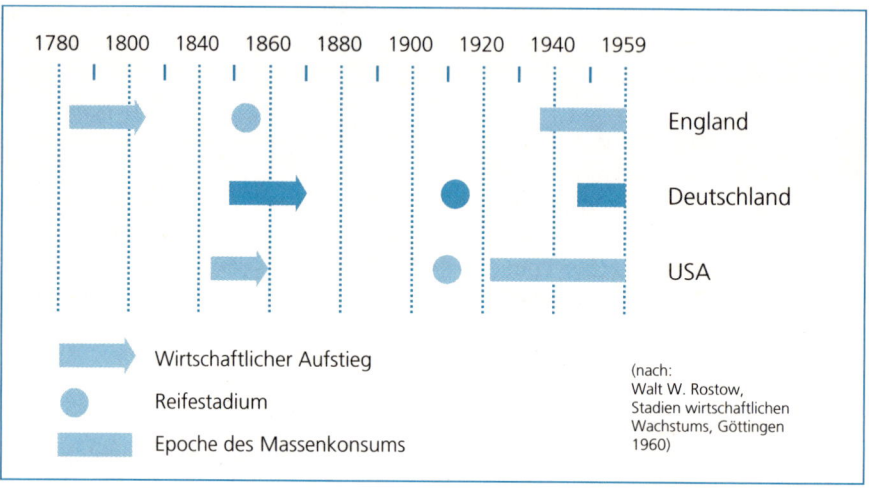

| 1780 | 1800 | 1840 | 1860 | 1880 | 1900 | 1920 | 1940 | 1959 |

England

Deutschland

USA

→ Wirtschaftlicher Aufstieg

● Reifestadium

▬ Epoche des Massenkonsums

(nach:
Walt W. Rostow,
Stadien wirtschaftlichen
Wachstums, Göttingen
1960)

II.

„Sie sehe, Herr Gränzwächter, dass ich nix zu verzolle hab, denn was hinte auf dem Wage is, hat die lippische Gränz noch nit überschritte, in der Mitt'n is nix; und was vorn drauf is, is schon wieder über die lippische Gränz drübe."

(Stadt Reutlingen [Hrsg.],
Katalog zur Ausstellung Friedrich List und seine Zeit, Reutlingen 1989, S. 78)

Arbeitsaufträge

1. Laut Grafik ist England im Vergleich zu Deutschland früher industrialisiert worden. Erarbeiten Sie aus den Sachinformationen und der Einführung die Gründe dafür.

2. Setzen Sie die Karikatur in Beziehung zur Grafik. Welchen Beitrag leistet sie zur Erklärung der deutschen Rückständigkeit?

3. Erarbeiten Sie anhand von Einführung und Sachinformationen die Faktoren, welche die Industrialisierung Deutschlands vorangetrieben haben.

CHRONOLOGIE

ab ca. 1750
Beginn der Industriellen Revolution in **England**

ab ca. 1850
Beginn der Industriellen Revolution in **Deutschland**

1807 – 1814
Preußische Reformen

1815 – 1848
Agrarrevolution bringt Produktivitätsfortschritte in der Landwirtschaft (größere Anbauflächen, neue Feldfrüchte, verbesserte Arbeitsgeräte und -techniken). Durch die Preußischen Reformen (Bauernbefreiung) wird eine große Zahl von Leibeigenen freigesetzt. Erhöhter Bevölkerungsdruck durch Aufhebung von Heiratsbeschränkungen

1815
Deutscher Bund. 39 souveräne Staaten mit eigener Münz-, Zoll- und Maßhoheit

1800 – 1835
Einrichtung von Gewerbe- und technischen Schulen

1834
Deutscher Zollverein: Abschaffung der Binnenzölle

ab 1835

Eisenbahnbau fördert die Montanindustrie, erhöht die Mobilität von Menschen und Gütern und erweitert so den Wirtschaftsraum.

ab 1840

neue Industrielandschaften: Ruhrgebiet und Oberschlesien

1844

Schlesischer Weberaufstand; Zusammenbruch des herkömmlichen **Verlagswesens**

ab 1850

Durchbruch der kapitalintensiven, wachstumsbetonten Fabrikproduktion mit hohem Energieverbrauch und entwickeltem Verkehrswesen
Leitsektoren: Hüttenwesen, Eisenbahn- und Maschinenbau

1835 – 1870

Verstärkter Ausbau des **Eisenbahnnetzes** durch intensiven Kapitaleinsatz (Aktiengesellschaften und Staatsbeteiligungen); Gründung von Staatsbanken und Geschäftsbanken

1871

Sieg über Frankreich, Gründung des Deutschen Reiches, französische Reparationszahlungen

ab 1871

„Gründerboom" der Reichsgründungszeit

1873

„Gründerkrach" und „Große Depression", konjunkturelle Wirtschaftskrise

1879

Schutzzollpolitik

1883

Sozialgesetzgebung: Entwicklung zum Sozialstaat (→ Kapitel D 5)

ab 1900

Deutschland hat aufgrund der neuen **Leitsektoren** Chemie- und Elektroindustrie industriellen Weltmachtstatus erreicht (zieht mit **England** gleich). Starke wirtschaftliche Konzentrationsbewegungen

SACHINFORMATIONEN

Walt Rostow

amerikanischer Nationalökonom, Verfechter einer neuartigen, antimarxistischen Wirtschaftsstufentheorie (Entwicklungstheorie):

a) *Aufbauperiode bis etwa 1850*, in der die Voraussetzungen für den wirtschaftlichen Aufstieg geschaffen werden (z. B. Einführung der Gewerbefreiheit, technische Kenntnisse, Herausbildung einer Unternehmermentalität, Vorhandensein sozialer Probleme, die Lösungsstrategien beschleunigen).

b) *Take-off-Phase bis etwa 1873*, gekennzeichnet durch Investitionstätigkeit in einer *Schrittmacherindustrie* mit radikalen Änderungen in der Herstellungsmethode → eigentliche Industrielle Revolution.

c) *Reifestadium*, Hinauswachsen aus der Schrittmacherindustrie; sich selbst tragendes Wirtschaftswachstum.

Adam Smith / Wirtschaftsliberalismus

Das Interesse des Einzelnen ist die Triebfeder des wirtschaftlichen Erfolges; wenn jeder seinen individuellen Nutzen sucht, ist das Ergebnis zum Nutzen aller; an der Produktion sind Kapital, Arbeit und Boden beteiligt; die Produktivität wird durch Arbeitsteilung erhöht (Fabrik); der Staat soll nicht in den Marktmechanismus (Angebot und Nachfrage) eingreifen.

England

Ursprungsland der Industriellen Revolution, der die agrarische Revolution vorangeht: der landwirtschaftliche Kleinbesitz zerfällt, Anbauflächen werden vermehrt, die rationeller betrieben werden und höhere Erträge liefern. Die abwandernden Bauern werden Industriearbeiter. Erfindungen verbessern die Produktion, die Dampfmaschine ersetzt Menschen- und Tierkraft.

Mehrere Faktoren beschleunigten die industrielle Entwicklung Englands:

- lange Phase der politischen Stabilität,
- technische Innovationen,
- ein durch die Agrarrevolution begünstigtes hohes Bevölkerungswachstum,
- der Wirtschaftsliberalismus (→ Adam Smith),
- der aufnahmefähige Binnenmarkt mit seiner zunehmenden Nachfrage nach Massenkonsumgütern,
- der Kolonialbesitz, der für die notwendige Kapitalisierung sorgte, später als zusätzlicher Absatzmarkt fungierte und Rohstoffe zur Verfügung stellte,
- die verkehrsgünstige Insellage, verbunden mit der Kontrolle der Seewege,
- ergiebige Rohstoffvorkommen wie Kohle und Erz im eigenen Land,

- die ausgebaute Infrastruktur mit einem vielfältigen Fluss- und Kanalsystem.

Deutschland

Beginn der Industriellen Revolution 50 Jahre später als in England. Die Ursachen liegen in den ungünstigeren Voraussetzungen Deutschlands:

- territoriale, wirtschaftliche und politische Zersplitterung
- kein einheitlicher nationaler Markt
- geringe großräumige Infrastruktur
- keine Kolonien als Märkte bzw. Rohstoffquellen
- ständische Sozialstruktur mit geringer Mobilität
- kein produktivitäts- und gewinnorientiertes Unternehmertum
- hohe feudale Abgaben und Steuern mindern Massenkaufkraft und Kapitalbildung

Preußische Reformen
(→ Kapitel A 2)

Deutscher Bund
(→ Kapitel A 2)

Deutscher Zollverein
(→ Kapitel A 2)

Verlagswesen

Unternehmensform, bei der Großkaufleute Handwerkern die Rohstoffe, später auch die Arbeitsgeräte, zur Produktion in Heimarbeit „vorlegten" und dafür die Abnahme des Produkts garantierten (= dezentralisierte „Fabrikarbeit"). Brachte eine gewisse Vertrautheit mit „technischen" Fertigungsmethoden mit sich und trug zur Kapitalbildung bei. Die Handwerker waren den Kaufleuten völlig ausgeliefert.

Leitsektor(en)

Ein Industriezweig, der durch seinen Erfolg viele Arbeitsplätze schafft und die gesamtwirtschaftliche Entwicklung eines Landes voranbringt. In Deutschland war es anfänglich der Eisenbahnbau, der auch die Stahl- und Maschinenbauindustrie ankurbelte. Später übernahm die Elektro- und Chemieindustrie diese Rolle. Die Automobilindustrie und die Informationstechnologie spielen heute die Schlüsselrolle.

(Staats-)Banken

Anfänglich finanzierte sich die Industrie im Wesentlichen selbst. Bei fortschreitender Industrialisierung nahm jedoch der Kapitalbedarf zu. Ein Ausweg bot der Zugriff auf Privatvermögen durch die Aktie. Die Banken übernahmen die Funktion einer Kapitalsammelstelle. Das Kredit- und Aktiengeschäft erlaubt es ihnen, zunehmend selbst Einfluss auf industrielle Vorhaben und die Industrialisierung zu nehmen.

Schutzzollpolitik
(→ Kapitel D 2)

3. Zusammenfassung

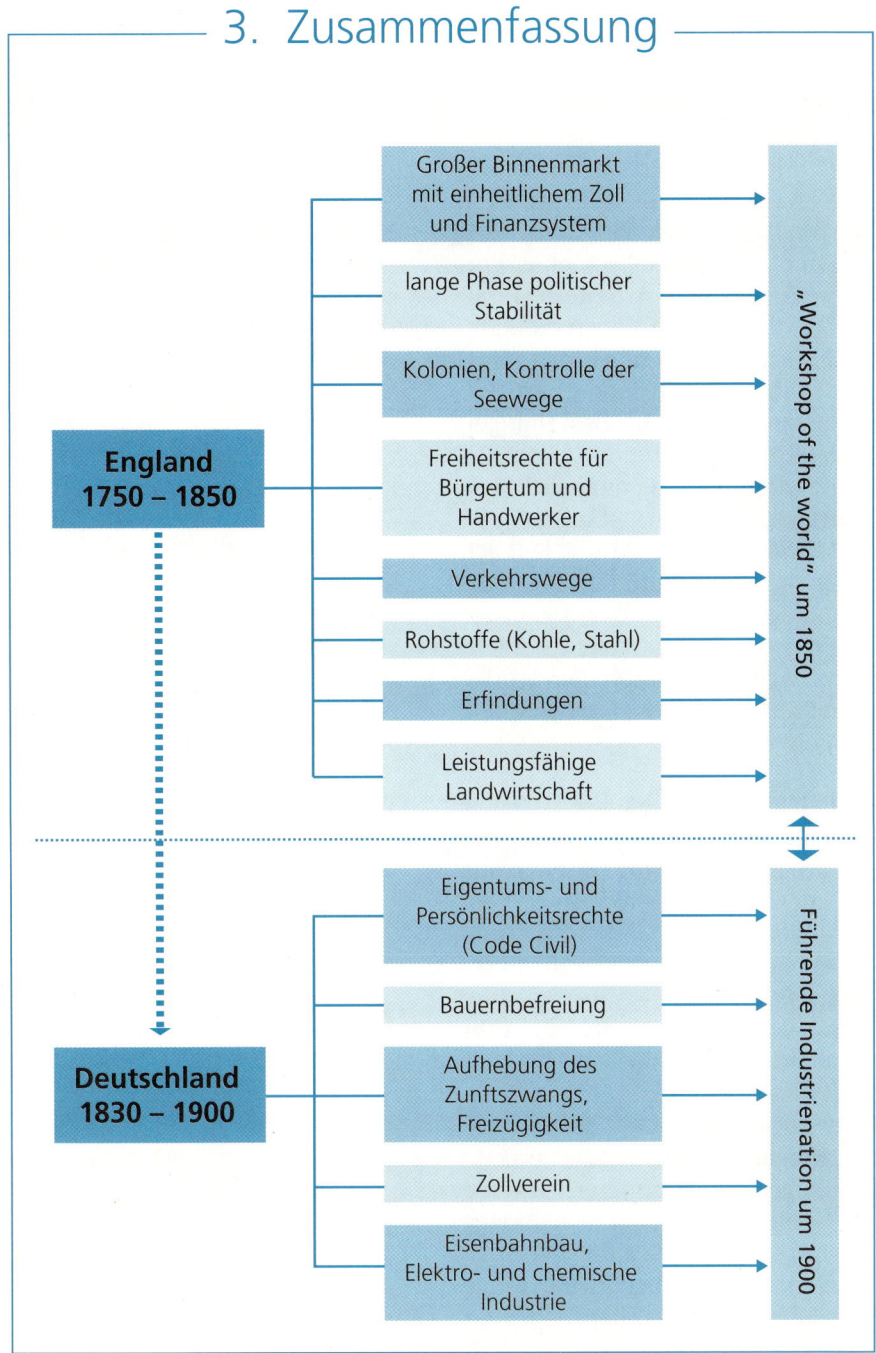

England 1750 – 1850
- Großer Binnenmarkt mit einheitlichem Zoll und Finanzsystem
- lange Phase politischer Stabilität
- Kolonien, Kontrolle der Seewege
- Freiheitsrechte für Bürgertum und Handwerker
- Verkehrswege
- Rohstoffe (Kohle, Stahl)
- Erfindungen
- Leistungsfähige Landwirtschaft

→ „Workshop of the world" um 1850

Deutschland 1830 – 1900
- Eigentums- und Persönlichkeitsrechte (Code Civil)
- Bauernbefreiung
- Aufhebung des Zunftszwangs, Freizügigkeit
- Zollverein
- Eisenbahnbau, Elektro- und chemische Industrie

→ Führende Industrienation um 1900

4. Soziale Frage

Alfred Krupp, 1855

1 „Vor bald 30 Jahren stand ich in der leeren Halle dieser Fabrik […] zusammen mit wenigen Arbeitern. Fünfzehn Jahre lang
5 habe ich gerade soviel erworben, um den Arbeitern ihren Lohn ausbezahlen zu können. Wenn bei schlechter Wirtschaftslage alle Industrien darniederlagen, wenn Bestellungen
10 fehlten, so habe ich dennoch arbeiten lassen, niemals einen treuen Arbeiter entlassen. Den Gewinn unserer Arbeit ließ ich
15 in das Werk zurückfließen, damit wir durch eine erstklassige Produktion um Aufträge nicht verlegen sind und jedem Werksmitglied seinen Arbeitsplatz
20 sichern können.
Seit 19 Jahren haben wir eine **Betriebskrankenkasse.** Daher habe ich die Überschüsse der Kasse dazu bestimmt, dass aus
25 ihnen den alten Arbeitern Pensionen bezahlt werden. […] Ich wünsche, daß alle, die hier arbeiten, frei von Sorgen sind; sie sollen Krankheit und Alter
30 nicht fürchten müssen."

„Der Social-Demokrat", 1865

1 „Humanität einzelner Fabrikanten gegen ihre Arbeiter ist ohne Zweifel eine höchst nennenswerte Sache, aber mit der **Sozi-**
5 **alen Frage** haben diese Dinge nichts zu tun. Hierfür ist es ganz gleichgültig, ob es edle Fabrikanten gibt oder nicht, denn es handelt sich nicht dar-
10 um, […] die Gnade oder den guten Willen einzelner Fabrikanten in Anspruch zu nehmen, sondern die Rechte […] der Arbeiter zu erkämpfen."

(J. E. Joerg, Geschichte der socialpolitischen Parteien in Deutschland, Freiburg 1867, S. 213)

Arbeitsaufträge

1. Was versteht man unter der „Sozialen Frage"?

2. Welche Versuche, die Soziale Frage zu lösen, werden in den Texten angesprochen?

3. Nennen Sie weitere Lösungsansätze für die Soziale Frage.

CHRONOLOGIE

1843

Der evang. Pfarrer Wichern begründet die „**Innere Mission**" (Betreuung verwahrloster Kinder, handwerkliche Lehrausbildung)

1848

Marx verfasst das „**Kommunistische Manifest**".
„Allgemeine Deutsche Arbeiterverbrüderung"

1849

Gründung des „Katholischen Gesellenvereins" durch Kolping („Kolpingverein")
„Centralausschuß für die Innere Mission" (seit l872 Bodelschwinghsche Anstalten in Bethel)

1863

Lasalle gründet den „Allgemeinen Deutschen Arbeiterverein" (ADAV).

1867

Marx verfasst das „Kapital".

1869

Streikrecht für **Gewerkschaften**; Gründung der „Sozialdemokratischen Arbeiterpartei" (SDAP) durch **Bebel** und **Liebknecht**

1875

Vereinigung von ADAV und SDAP zur Sozialistischen Arbeiterpartei Deutschlands (SAP) in **Gotha**

1878

Sozialistengesetz

ab 1883

Sozialgesetzgebung: Kranken-, Unfall-, Alters- und Invalidenversicherung

1890

Die SAP firmiert nach dem **Erfurter Parteitag** als SPD.

SACHINFORMATIONEN

Betriebskrankenkassen

Einzelne Unternehmer (Krupp, Stumm) suchten in patriarchalischer Manier die sozialen Probleme zu lösen; sie hatten den Wunsch, in ihren Werken einen festen Stamm von Arbeitern zu beschäftigen, und strebten eine Art Treueverhältnis an. Unterstützungskassen bei Krankheit und Invalidität wurden eingerichtet, hier und da entstanden Werkswohnungen, Konsumanstalten und Kantinen.

Soziale Frage

Die Neuartigkeit des Arbeiterelends (Verlust der auf dem Lande üblichen Traditionen wie Nachbarschaftshilfe und familiäre Fürsorgepflicht) ließ den Begriff „Soziale Frage" entstehen, die sich zur „Arbeiterfrage" verdichtete: Die weitgehende Rechtlosigkeit der Arbeiter gegenüber den Unternehmern, ihre menschenunwürdigen Arbeits- und Wohnverhältnisse, die Arbeitszeit und die Lohnhöhe wurden zu zentralen Problemen.

Innere Mission

Die evangelische Kirche setzte sich das Ziel, ein freundschaftliches Verhältnis zwischen Arbeitgebern und Arbeitnehmern zu pflegen und sozialdemokratische Einflüsse abzuwehren. Im Gegensatz zur katholischen Kirche konzentrierte sie sich ganz auf karitativ-seelsorgerische Tätigkeiten in der Inneren Mission.

Marx, Karl

Sohn eines jüdischen Rechtsanwalts aus Trier. Er wirkte bis zu seiner Emigration nach Paris 1845 in Köln als Journalist. In Paris befreundete er sich mit dem Unternehmersohn *Friedrich Engels*. Beide verfassten als Mitglieder im „Bund der Kommunisten" das *Manifest der kommunistischen Partei* (1848). In der Revolution von 1848 propagierten sie die radikale Lösung, mussten aber 1849 nach London emigrieren, wo Marx seine Lehre in theoretischen Schriften entwickelte: „Zur Kritik der politischen Ökonomie", „Das Kapital".

Kommunistisches Manifest

Eines der Hauptwerke von Karl Marx. Es verkündete die Lehre vom Kampf der Klassen während der gesamten bisherigen Geschichte, der nur durch die sozialistische Revolution und den Übergang zum Kommunismus beendet werden kann. Endziel sind die klassenlose Gesellschaft und das Ende der Klassenkämpfe, sodass auch staatliche Gewalt überflüssig wird.

Lasalle

Ferdinand Lasalle, bürgerlicher Linksintellektueller, Publizist, Revolutionär von 1848 und radikaler

Demokrat, gründete 1863 den Allgemeinen Deutschen Arbeiterverein (ADAV). Er versuchte nach der gescheiterten Revolution seine demokratischen Ideale mithilfe der Arbeiterschaft durchzusetzen. Dafür schien ihm im Gegensatz zu Marx/Engels der Staat unerlässlich. Er forderte einen sozial tätigen Staat, der seine „Nachtwächterrolle" aufgibt.

Gewerkschaften

Die Gründung der ersten Gewerkschaften fiel mit der 48er Revolution zusammen. Sie wurden in der Zeit der Reaktion unterdrückt. Ab 1865 entstanden im Gefolge des Industrialisierungsschubes zahlreiche Einzelgewerkschaften sowohl liberaler (Arbeitnehmer und Unternehmer haben grundsätzlich gleiche Interessen, deshalb Zusammenarbeit und nicht Streik und Klassenkampf) als auch sozialistischer Richtung (Interessengegensatz zwischen Arbeit und Kapital, Streik als wichtigstes Kampfmittel).

Bebel/Liebknecht

gründeten 1869 in Eisenach die marxistisch beeinflusste „Sozialdemokratische Arbeiterpartei".

Gotha

1875 schlossen sich der eher liberale ADAV Lasalles und die Bebel/Liebknechtsche SDAP zur „Sozialistischen Arbeiterpartei" (SAP) zusammen.

Erfurter Parteitag

Programmparteitag 1890: die Partei (SAP) nennt sich SPD. Geprägt war der Parteitag durch die inneren Widersprüche der Partei, die in der Frage Reform oder Revolution gipfelten. Es setzt sich die Auffassung durch, nur eine Veränderung durch Reformen des Staates und der Gesellschaft auf der Basis von Mehrheitsentscheidungen des Volkes bringe eine Lösung der Arbeiterfrage.

Sozialistengesetz

(→ Kapitel D 2)

Sozialgesetzgebung

(→ Kapitel D 2)

5. Zusammenfassung

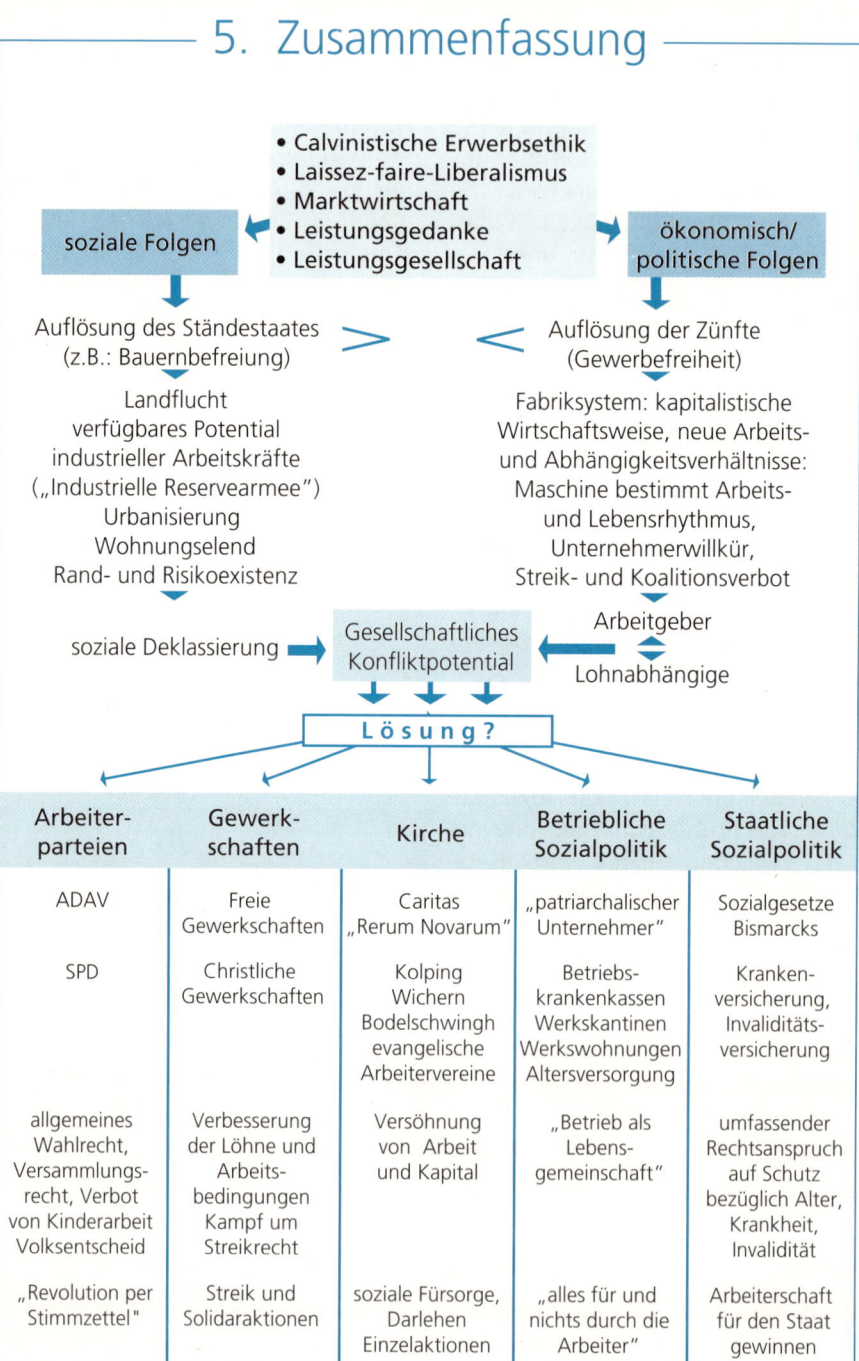

- Calvinistische Erwerbsethik
- Laissez-faire-Liberalismus
- Marktwirtschaft
- Leistungsgedanke
- Leistungsgesellschaft

soziale Folgen

ökonomisch/politische Folgen

Auflösung des Ständestaates
(z.B.: Bauernbefreiung)

Auflösung der Zünfte
(Gewerbefreiheit)

Landflucht
verfügbares Potential
industrieller Arbeitskräfte
(„Industrielle Reservearmee")
Urbanisierung
Wohnungselend
Rand- und Risikoexistenz

Fabriksystem: kapitalistische
Wirtschaftsweise, neue Arbeits-
und Abhängigkeitsverhältnisse:
Maschine bestimmt Arbeits-
und Lebensrhythmus,
Unternehmerwillkür,
Streik- und Koalitionsverbot

soziale Deklassierung

Gesellschaftliches
Konfliktpotential

Arbeitgeber

Lohnabhängige

L ö s u n g ?

Arbeiter-parteien	Gewerk-schaften	Kirche	Betriebliche Sozialpolitik	Staatliche Sozialpolitik
ADAV	Freie Gewerkschaften	Caritas „Rerum Novarum"	„patriarchalischer Unternehmer"	Sozialgesetze Bismarcks
SPD	Christliche Gewerkschaften	Kolping Wichern Bodelschwingh evangelische Arbeitervereine	Betriebs-krankenkassen Werkskantinen Werkswohnungen Altersversorgung	Kranken-versicherung, Invaliditäts-versicherung
allgemeines Wahlrecht, Versammlungs-recht, Verbot von Kinderarbeit Volksentscheid	Verbesserung der Löhne und Arbeits-bedingungen Kampf um Streikrecht	Versöhnung von Arbeit und Kapital	„Betrieb als Lebens-gemeinschaft"	umfassender Rechtsanspruch auf Schutz bezüglich Alter, Krankheit, Invalidität
„Revolution per Stimmzettel"	Streik und Solidaraktionen	soziale Fürsorge, Darlehen Einzelaktionen	„alles für und nichts durch die Arbeiter"	Arbeiterschaft für den Staat gewinnen

D Bismarck und das Deutsche Kaiserreich

1. Einführung

Die Jahre nach dem Scheitern der 48er Revolution werden als Zeit der **Reaktion** bezeichnet. Die politische Lage in Deutschland nach 1849 war durch die Schwächung der liberalen und nationalen Bewegung, die wiedererstarkte Macht der Fürsten und die sich verschärfende Rivalität zwischen Preußen und Österreich gekennzeichnet. Den größten machtpolitischen Aufschwung erlebte Preußen, das dank seiner schnell wachsenden Industrie seine Vormachtstellung im Deutschen Zollverein ausbauen und Österreich den handelspolitischen Anschluss verwehren konnte.

Als Prinz Wilhelm von Preußen die Regentschaft für seinen Bruder Friedrich Wilhelm IV. übernahm, erwarteten die Liberalen eine „Neue Ära". Zwar berief der König ein liberales Ministerium ein, aber schon der Verfassungskonflikt um die Heeresreform machte weitere Hoffnungen zunichte. Im Verlauf des Konflikts übernahm **Bismarck** das Amt des preußischen Ministerpräsidenten. Mit ihm trat ein konservativer Staatsmann an die Spitze der preußischen Regierung, der entschlossen war, die Auseinandersetzung mit dem Habsburgerreich um die Hegemonie (Vorherrschaft) in Deutschland zu wagen und den durch die Erfolge der Industrialisierung erstarkenden Liberalismus zurückzudrängen. Mit der Gründung des Deutschen Reiches unter preußischer Führung (1871) gelang Bismarck die vorläufige Lösung der deutschen Frage.

Dabei muss die Gründung des Deutschen Reiches auch im Zusammenhang mit der **europäischen Gleichgewichtspolitik** gesehen werden, die seit dem Wiener Kongress das politische Kräfteverhältnis Europas wieder bestimmte. Ein geeinter deutscher Nationalstaat konnte als potentielle Störung dieser Balance angesehen werden:

England als führende See- und Handelsmacht mit überseeischen Kolonialinteressen war an einer Sicherung des Seeweges nach Indien interessiert, sodass die russische Expansion im östlichen Mittelmeer als Bedrohung empfunden wurde. Im Krimkrieg zwischen dem Osmanischen Reich und Russland intervenierte England auf Seiten der Türken.

Da England grundsätzlich eine „balance of power" in Europa anstrebte, begrüßte es die deutsche Reichsgründung, weil damit eine Stärkung Mitteleuropas als Gegengewicht zu französischen und russischen Hegemoniebestrebungen erreicht wurde.

Frankreichs plebiszitäre Diktatur unter Napoleon III. war, geschwächt durch innenpolitische Konflikte, um außenpolitischen Prestigegewinn bemüht und beanspruchte eine Art Schiedsrichterrolle in Europa. Konflikte mit England hinsichtlich der überseeischen Expansion ließen Frankreich näher an Russland heranrücken.

Russland war nach wie vor geprägt von der zaristischen Autokratie (unumschränkte Herrschaft) und befand sich auf der Stufe eines fast reinen Agrarstaates. Gleichzeitig betrieb das Land eine expansive Außenpolitik mit dem Versuch, Einfluss auf das Osmanische Reich und damit den Balkan zu nehmen. Hintergrund dieser Bemühungen war die strategische Sicherung der Meerengen (Getreideexporte über das Schwarze Meer). Im Krimkrieg gegen die Türkei, die von England unterstützt wurde, erlitt das Land eine empfindliche Niederlage.

Österreich-Ungarn restaurierte nach der Revolution von 1848 die alten absolutistischen Machtstrukturen. Im Hinblick auf sein Verhältnis zum deutschen Mitteleuropa legte es Wert auf eine Verstärkung der Wirtschafts- und Handelspolitik. Als Vielvölkerstaat beobachtete Österreich nationale Bestrebungen im Hinblick auf eine mögliche „Ansteckung" argwöhnisch. Durch die panslawistische Bewegung kam es zu einer zunehmenden Rivalität mit Russland auf dem Balkan.

Das Deutsche Kaiserreich entstand durch **drei Kriege** unter preußischer Führung: 1864 Krieg gegen Dänemark (noch gemeinsam mit Österreich) um Schleswig-Holstein, 1866 Krieg gegen Österreich, nach dessen Niederlage der Deutsche Bund aufgelöst wurde und es 1867 zur Gründung des Norddeutschen Bundes kam, und 1870/71 Krieg gegen Frankreich. Die Proklamation Wilhelms I. zum Deutschen Kaiser in Versailles war der symbolische Endpunkt der Auseinandersetzungen um die Gründung des Deutschen Reiches.

War das Deutsche Reich auch ein Bund souveräner Fürsten, wurde es doch von der überwältigenden Mehrheit der Deutschen begrüßt. Bismarck war sich aber der Tatsache bewusst, dass eine Machtzusammenballung in der Mitte Europas den Nachbarstaaten als Gefahr für das Mächtegleichgewicht erscheinen musste. Er versuchte deshalb durch eine maßvolle Außenpolitik und ein komplexes **Bündnissystem**, das auf Revanche bedachte Frankreich zu isolieren und die europäischen Interessengegensätze in eine Auseinandersetzung in den Kolonien abzuleiten.

In der Innenpolitik vermutete er den Hauptgegner des preußisch-protestantischen Kaiserreichs zunächst im politischen Katholizismus, den er durch den „**Kulturkampf**" in die Knie zwingen wollte. Später war es die Sozialdemokratie mit ihren internationalen Verflechtungen, die er mit dem „**Sozialistengesetz**" bekämpfte. Angesichts der sozialistenfeindlichen Politik konnte es auch der als vorbildlich gerühmten Sozialgesetzgebung letztlich nicht gelingen, die Arbeiterschaft mit dem Deutschen Kaiserreich zu versöhnen und die Sozialdemokratie als politische Kraft zu schwächen.

2. Die Reichsgründung

Aus einem Brief Otto von Bismarcks an Leopold von Gerlach

1 „…ein deutsches *Preußen*tum von 17 Millionen bleibt immer zu dick, um *Österreich* soviel Spielraum zu lassen, als es
5 erstrebt. Unsere Politik hat keinen anderen *Exerzierplatz* als Deutschland, schon unserer *geographischen Verwachsenheit* wegen, und gerade diesen
10 glaubt *Österreich* dringend auch für sich zu gebrauchen; für beide ist kein Platz nach den Ansprüchen, die *Österreich* macht, also können wir uns auf die
15 Dauer nicht vertragen. Wir atmen einer dem anderen die Luft weg vor dem Munde, einer muss weichen oder von dem anderen ,gewichen werden', bis
20 dahin müssen wir Gegner sein, das halte ich für eine unignorierbare (verzeichnen Sie das Wort) Tatsache, wie unwillkommen sie auch sein mag. Ein
25 Bündnis mit *Frankreich* können wir nicht ohne einen gewissen Grad von Gemeinheit eingehen. Bringen wir aber Russland dazu, es zu tun, so kann uns die
30 verkehrte Wiener Politik doch nötigen, in diesem scheußlichen Bunde der dritte zu sein, ehe es *Österreich* wird. Sehr achtbare Leute, sogar mittelal-
35 terliche Fürsten, haben sich schon lieber durch eine Kloake gerettet, als daß sie sich prügeln oder abwürgen ließen."
[…]

(Bismarck und der Staat, Gesammelte Werke 14/I, S. 334)

Arbeitsaufträge

1 a. Verdeutlichen Sie sich die Lage Preußens im Deutschen Bund und in Europa.

b. Setzen Sie sich mit Bismarcks Einschätzung der Situation Preußens im Deutschen Bund auseinander.

2. Welchen Weg wählte Bismarck für die Gründung eines Deutschen Reiches und welche geopolitischen Gegebenheiten musste er dabei berücksichtigen? Verwenden Sie dazu das Schaubild (S. 68).

3. Charakterisieren Sie Bismarcks Politik!

CHRONOLOGIE

Neue Ära

1859

Wilhelm I. leitet in Preußen eine **Heeresreform** ein: Sie wird von der liberalen Landtagsmehrheit abgelehnt.

1862

Verfassungskonflikt, Bismarck wird preußischer Minister-präsident und setzt gegen den Willen der Parlamentsmehrheit die Verstärkung der Armee durch.

1863

Konvention Alvensleben: Erneuerung der Freundschaft mit Russland

1864

Krieg gegen Dänemark: Streitigkeiten um die Verwaltung Schleswigs (preuß.) und Hol-steins (österr.) verschärfen den *Gegensatz* zwischen Österreich und Preußen.

1866

Deutscher Krieg: Entscheidender Sieg Preußens bei **Königgrätz**. Auflösung des *Deutschen Bundes*, preußische Annexionen nördlich des Maines: Hannover, Kurhessen, Nassau, Frankfurt (1867)

1866/67

Bildung des **Norddeutschen Bundes**

1867

Der preußische Landtag billigt nachträglich den Verfassungs-bruch Bismarcks von 1862.

Reichsgründung

1866

Annahme der **Indemnitätsvorlage**, Spaltung der Liberalen (*Fortschritts-und Nationalliberale Partei*) (→ Schaubild „Deutsche Parteien" S. 95)

ab 1867

Zusammenarbeit zwischen Bismarck, Nationalliberalen und *Freikonservativer Partei*. (→ Schaubild „Deutsche Parteien" S. 97)

1867

Preußische **Thronkandidatur** *in Spanien*, Frankreich befürch-tet preußische Hegemonie in Europa

1870/71

Deutsch-Französischer Krieg

1871

Kaiserproklamation Wilhelms I. im Spiegelsaal zu Versailles, Reichsgründung

SACHINFORMATIONEN

Leopold von Gerlach

preußischer General, war als Generaladjutant Friedrich Wilhelms IV. das einflussreichste Mitglied der reaktionären „Kamarilla" seit 1848.

Neue Ära

(→ Kapitel D 4)

Heeresreform

Anpassung der Armeestärke an die Bevölkerungsentwicklung Preußens durch Erhöhung der Friedensstärke des Heeres (*dreijährige Dienstzeit*). Ziel ist, über die innenpolitische Machtbehauptung hinaus, die Schaffung der militärischen Vorherrschaft und erweiterten Handlungsfreiheit Preußens.

Verfassungskonflikt

Liberale Mehrheit im Landtag verweigert die Zustimmung zur *dreijährigen Dienstzeit*, stattdessen bevorzugt sie die Stärkung des Reserveheeres als „Bürgerheer" und legt über das Budgetrecht die Regierung lahm. *Bismarck* wird preußischer Ministerpräsident, beruft sich auf eine angebliche Verfassungslücke und regiert ohne Haushalt und gegen den Protest und die Beschlüsse der liberalen Mehrheit im Landtag.

Realpolitik

Sie beschreibt eine Politik, die vom Machbaren ausgeht, auf abstrakte Forderungen und Programme verzichtet und stattdessen die politischen Ziele an realen Gegebenheiten ausrichtet. „Realpolitik" wurde zu einem Leitbegriff der Bismarckzeit und entsprach dem Wunsch vieler Deutscher, die die fruchtlose „Ideenpolitik" der Paulskirche erlebt hatten.

Konvention Alvensleben

Im polnischen Aufstand (Schaffung eines geeinten Polens) deckt Bismarck das russische Vorgehen gegen Polen, erneuert dadurch die Freundschaft Preußens mit Russland und erreicht dessen Neutralität während der Einigungskriege.

Krieg gegen Dänemark

Der Versuch Dänemarks, Schleswig und Holstein zu annektieren, löst in Deutschland nationale Empörung aus. Österreich und Preußen zwingen Dänemark zum Verzicht und unterstellen beide Gebiete einer gemeinsamen Verwaltung, was die Spannungen zwischen beiden Staaten schürt, da Bismarcks Zielsetzung der Stärkung Preußens als europäische Großmacht durch Annexion weiterer deutscher Gebiete auf Österreichs Opposition im Deutschen Bund stößt.

Königgrätz

Der schwelende Konflikt zwischen Preußen und Österreich verschärfte sich durch die gemeinsame Verwaltung Holsteins und Schleswigs. Nachdem preußische Truppen Holstein vertragswidrig besetzt hatten, erwirkte Österreich eine Bundesexekution gegen Preußen. Militärisch wurde der Krieg durch den preußischen Sieg bei Königgrätz am 3. Juli 1866 entschieden. Österreich musste die Auflösung des Deutschen Bundes und die Annexion seiner Verbündeten Hannover, Nassau, Kurhessen und Frankfurt hinnehmen. Mit der Gründung des Norddeutschen Bundes zeichnete sich die künftige Reichseinigung bereits ab.

Norddeutscher Bund

Nach dem Rückzug Österreichs und der Auflösung des *Deutschen Bundes* gründet Preußen unter Einbeziehung der norddeutschen Staaten (nördlich der Mainlinie) den Norddeutschen Bund. Die süddeutschen Staaten behalten auf Wunsch Frankreichs weiterhin eine „internationale unabhängige Existenz". Bismarck gelang es jedoch mit Hinweis auf französische Gebietsforderungen in Einzelverhandlungen „Schutz- und Trutzbündnisse" mit diesen Staaten abzuschließen.

Indemnitätsvorlage

Beendigung des preußischen Verfassungskonflikts nach dem Sieg gegen Österreich: Parlament gesteht Bismarcks Regierung Straffreiheit („Indemnität") für die Jahre 1862 – 66 zu. Die Haushalte werden nachträglich genehmigt. Daraufhin Spaltung der Liberalen.

Preußische Thronkandidatur in Spanien

In Frankreich wächst die Verbitterung wegen ausbleibender territorialer Kompensationen für das französische Stillhalten in den Jahren 1864 und 66 und einer Reduzierung des französischen Einflusses in Europa. Die Thronkandidatur der Hohenzollern in Spanien bedeutet eine besondere Provokation Frankreichs: Es fordert den Verzicht auf die Kandidatur. Durch die von Bismarck redigierte *Emser Depesche*, die man in Frankreich als neuerliche Provokation ansieht, wird der Deutsch-Französische Krieg ausgelöst.

Karikatur zu Preußens Vorherrschaft: „Deutschlands Zukunft: Kommt es unter einen Hut? Ich glaube, 's kommt eher unter eine Pickelhaube"

Quelle: Staatsbibliothek Preußischer Kulturbesitz, Berlin

Emser Depesche

Der Verzicht des preußischen Prinzen auf die spanische Thronkandidatur wurde im In- und Ausland als preußische Niederlage empfunden. Napoleon III. wollte jedoch seinen Triumph voll ausspielen und verlangte von Wilhelm von Preußen einen verbindlichen Verzicht für alle Zeiten. Der König, der gerade in Bad Ems zur Kur weilte, verweigerte eine weitere Unterredung mit dem französischen Botschafter über diese Frage. Stattdessen informierte er Bismarck telegrafisch und überließ es ihm, die Presse in geeigneter Form zu informieren. Bismarck veröffentlichte diese

„Emser Depesche" in stark verkürzter Form und stellte damit die überzogene französische Forderung vor aller Welt bloß. Die französische Regierung musste unter dem Druck der aufgebrachten Öffentlichkeit mobil machen und erklärte Preußen den Krieg.

Deutsch-Französischer Krieg

Das von Bismarck einkalkulierte Ereignis war eingetreten. Für die süddeutschen Staaten war der Bündnisfall aufgrund der Verträge von 1866 gegeben.

Frankreich war international isoliert, so fanden sich die Sympathien der europäischen Völker zunächst auf preußisch-deutscher Seite. Die Großmächte blieben neutral.

Die erste Phase des Krieges gipfelte in der Kapitulation der französischen Armee im September 1870 bei Sedan, wobei Napoleon III. in Gefangenschaft geriet.

Die zweite Phase begann mit der Ausrufung der französischen Republik und dem damit verbundenen Volkskrieg, der sich internationaler Sympathie erfreuen konnte. Bismarck wollte deshalb eine rasche Beendigung des Krieges auch gegen den Widerstand der Militärs. Am 26. Februar 1871 kam es zum Vorfrieden von Versailles. Der endgültige Friede (von Frankfurt) kam am 10. Mai 1871 zustande und beinhaltete die Abtretung Elsass-Lothringens sowie französische Reparationszahlungen.

Reichsgründung

Noch während der Kampfhandlungen nahm Bismarck Gespräche mit den Delegationen der süddeutschen Staaten über deren Beitritt zum Norddeutschen Bund auf. Nach z. T. zähen Verhandlungen und etlichen Zugeständnissen (z. B. Überlassung einiger Reservatsrechte wie Post- und Eisenbahnverwaltung) gegenüber Bayern und Württemberg erklärte sich der bayerische König bereit, den offiziellen Antrag an den preußischen König zu richten, aus der Hand aller deutscher Fürsten die Kaiserkrone („Kaiser der Deutschen") entgegenzunehmen. Am 18. Januar 1871 fand im Spiegelsaal zu Versailles die Kaiserproklamation statt.

3. Zusammenfassung

Mächtekonstellation in Europa (um 1879)

Kolonialinteressen in Übersee

GB hält sich zurück, hat Interesse an einem starken Mitteleuropa

hält sich nach Nieder-lage im Krimkrieg zurück

R

Interessengebiet

Balkan

Interessengebiet

Deutsche Einigung, Hinausdrängen Ö-U's

Pr
(Deutsches Reich)

Krieg ?

Krieg ?

F fühlt sich bedroht in seiner Hegemonie über Europa durch neue Großmacht an der Ostgrenze

Ö-U (scheidet als deutsche Hegemonial-macht aus)

„Bedrohung" Frankreichs durch Kandidatur der Hohenzollern

Sp (vakanter Thron)

Bismarck:
Die deutsche Frage kann nur durch „Blut und Eisen" gelöst werden.

4. Die Reichsverfassung

1 „Das Deutsche Reich von 1871, die Schöpfung Bismarcks, war eine Verbindung des preußischen Militär- und Obrigkeits-
5 staates mit den führenden Schichten des durch Handel und Industrie erstarkten **liberalen Bürgertums**. Die neue Staatsgründung gehört zwar
10 ganz in die Geschichte der nationalstaatlichen Bewegung, die von 1789 bis in unsere Gegenwart reicht. Sie nimmt jedoch in ihr eine Sonderstellung von
15 welthistorischer Bedeutung ein. Die Deutschen waren die einzigen, die sich ihren Staat nicht von unten her im Bunde mit der Demokratie gegen die alten
20 Mächte selbst schufen, sondern ihn aus den Händen dieser in Abwehr der Demokratie „dankbar empfingen". In dem **Bund deutscher Fürsten und freier**

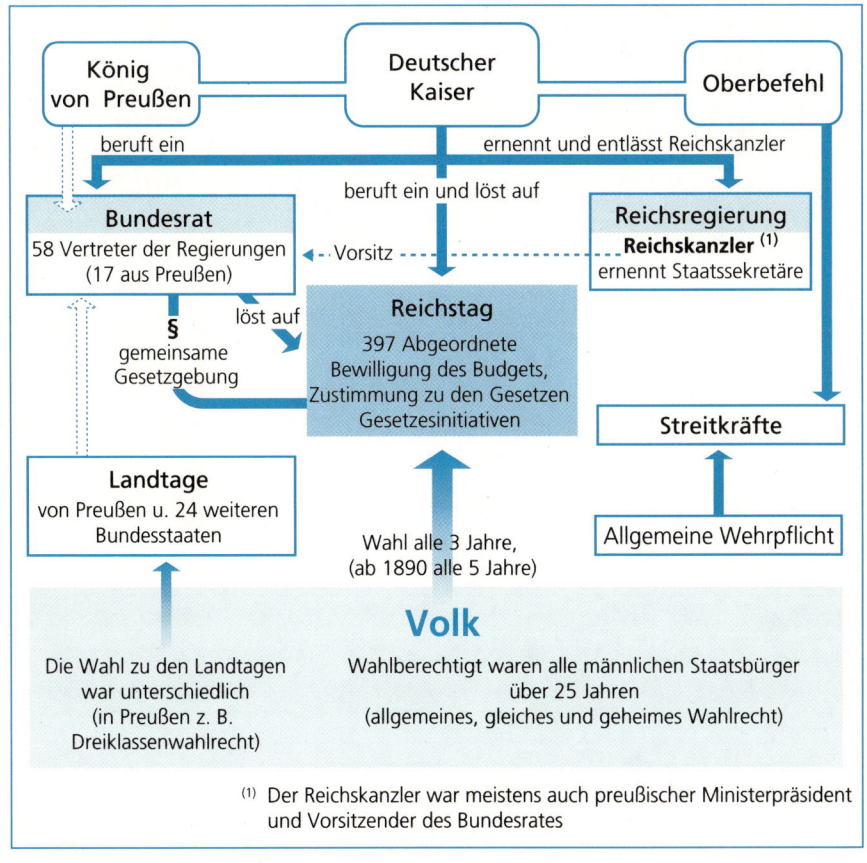

25 **Städte** waren der preußische Staat, Macht und Ansehen der preußischen Krone, die Stellung des *preußischen* **Ministerpräsidenten** als **Reichskanzler**, der
30 preußische Landtag mit seinem **Dreiklassenwahlrecht** und sein überwiegend feudales **Herrenhaus**, waren Bürokratie, waren Schule, Universitäten […] und
35 nicht zuletzt die Armeen mit ihrer direkten Unterstellung unter die Monarchen Faktoren, die das Übergewicht der konservativen Kräfte über die her-
40 aufdrängenden Elemente des demokratischen Liberalismus, später des demokratischen Sozialismus, garantierten."

(Fischer, F., Griff nach der Weltmacht, Düsseldorf 1977, S. 13)

Arbeitsaufträge

1. Wie beurteilt Fischer die Reichsgründung?

2. Überprüfen Sie sein Urteil anhand der Verfassung von 1871.

3. Erläutern Sie die „preußisch-konservativen Elemente", die Fischer nennt.

SACHINFORMATIONEN

Liberales Bürgertum

Preußen prägte den Geist des neuen Reiches auch über die Verfassungsbestimmungen hinaus. Im öffentlichen und gesellschaftlichen Leben spielten das Militär und der Adel eine bevorzugte Rolle. Selbst das wirtschaftlich erfolgreiche Bürgertum richtete sich nach den Lebensformen und Wertvorstellungen der Aristokratie und war davon überzeugt, dass es eine „natürliche" gesellschaftliche Hierarchie gebe, in der der Adel oben, es selbst in der Mitte und der Lohnarbeiter unten zu stehen habe.

Bund deutscher Fürsten und freier Städte

Die Präambel der Reichsverfassung von 1871 macht deutlich, dass die Reichsgründung kein Willensakt der Volkssouveränität, sondern einen von den deutschen Fürsten gebildeten Bund darstellt.

„Seine Majestät der König von Preußen [...], seine Majestät der König von Bayern [folgt Aufzählung der süddeutschen Fürsten] *schließen einen ewigen Bund zum Schutze des Bundesgebietes [...] sowie zur Pflege der Wohlfahrt des Deutschen Volkes. Dieser Bund wird den Namen Deutsches Reich führen und wird nachstehende Verfassung haben. [...]"*

(Horst Hildebrandt, Die deutschen Verfassungen des 19. und 20. Jahrhunderts. Quellen zur Verfassungsgeschichte, Paderborn 1954)

Preußischer Ministerpräsident

Der preußische Ministerpräsident wurde gemäß der oktroyierten Verfassung 1849 (→ Kapitel B 7) vom preußischen König ernannt und war nur ihm, nicht aber dem Parlament verantwortlich.

Reichskanzler

Der Reichskanzler der Verfassung von 1871 ist nur dem Kaiser (und nicht dem Parlament) verantwortlich und wird von diesem ernannt und abgesetzt. Das Amt des Reichskanzlers war identisch mit dem Amt des preußischen Ministerpräsidenten.

Dreiklassenwahlrecht

(→ Kapitel B 7)

Preußisches Herrenhaus

(→ Kapitel B 7)

Parlamentarische Demokratie

Kennzeichnend für eine parlamentarische Demokratie ist die Abhängigkeit der Regierung von der Zusammensetzung und damit dem Willen und der Kontrolle des Parlaments.

Reichstagswahlrecht

Es galt das allgemeine, gleiche und geheime Wahlrecht. Gewählt wurde in 397 Wahlkreisen, die nach dem Kriterium der Fläche, nicht aber der Bevölkerungsverteilung eingerichtet worden waren. Gewählt war, wer in einem Wahlkreis die absolute Mehrheit erringen konnte. Erreichte keiner der Kandidaten im ersten Wahlgang die absolute Mehrheit, entschied eine Stichwahl zwischen den beiden stärksten Kandidaten. Dabei kam es in den meisten Fällen bei den Linken und den Rechten zu Wahlabsprachen. So konnte es geschehen, dass trotz höherer Stimmenanteile für eine Partei die Zahl der Mandate geringer ausfiel. Anzahl und Fläche der Wahlkreise wurden trotz enormer Bevölkerungsbewegungen im Zuge der beschleunigten Industrialisierungs- und Wanderungsprozesse von 1874 bis 1912 nicht verändert.

Rechte der Frauen

Der Mann entschied in allen häuslichen Angelegenheiten allein. Erst 1900 im Bürgerlichen Gesetzbuch (BGB) wurden die Frauen als eigene Rechtssubjekte anerkannt. D.h., sie durften jetzt auch ohne Zustimmung des Mannes Verträge schließen, über eigenes Geld verfügen, Prozesse führen und eigene Arbeitsverhältnisse eingehen. Um die Jahrhundertwende erhielten sie die Möglichkeit, das Abitur zu machen und das Recht ein Universitätsstudium zu absolvieren. Lehrerinnen und Ärztinnen waren die ersten akademischen Frauenberufe. Die Frauen blieben von politischen Rechten wie z.B. dem Wahlrecht ausgeschlossen. Erst 1919 (Weimarer Republik) erhielten sie das allgemeine Wahlrecht.

5. Wirtschaftliche und gesellschaftliche Entwicklung

Eugen Richter (1838 – 1906), Führer der linksliberalen Deutsch-Freisinnigen Partei, herausragender Gegenspieler Bismarcks

1 […] „Es ist unsere innerste Überzeugung, daß eine Fortsetzung der bisherigen inneren Politik, wie sie namentlich seit
5 1877 begonnen, nach einem ebensolchen Zeitraum tatsächlich Deutschland in den Abgrund geführt haben würde […] Daß bei den letzten Wahlen die
10 deutsche Bevölkerung sich zu einem Fünftel zu einer republikanischen Partei[1] bekannt hat, ist in der Hauptsache die Frucht des Bismarckschen Re-
15 gierungssystems, welches nur zu sehr geeignet war, die *Sozialdemokratie* bald mittels dargereichten Zuckerbrotes, bald mittels der angewandten Peit-
20 sche künstlich großzuziehen. Dazu sind die *konfessionellen Gegensätze* verschärft worden […] Das gewaltige Emporwuchern der Interessenparteien,
25 welche rücksichtslos die Ausbeutung der Staatsgewalt auf Kosten des allgemeinen Wohles

erstreben, ist zurückzuführen auf die *Schutzzollpolitik* und
30 jene Schutzzollagitationen, zu welchen der Kanzler persönlich in jeder Weise aufgefordert und angereizt hat. Die Verhetzung der politischen Parteien unter-
35 einander, die Verdächtigung der Vaterlandsliebe, das Absprechen des Patriotismus für jeden politisch Andersdenkenden ist die Folge einer durch die Wel-
40 fenfonds[2] korrumpierten Presse und des Tones, welchen die Kanzlerpresse stets angeschlagen hat gegen alle, welche einmal andere Ansichten bekunde-
45 ten als der Kanzler. […] Die Volksvertretung wurde stets in der rücksichtslosesten Weise herabgewürdigt, sooft sie dem Kanzler nicht zu Gefallen
50 stimmte." […]

(nach G. A. Ritter [Hrsg.], Das Deutsche Kaiserreich 1871 – 1914, Ein historisches Lesebuch, 5. Auflage, Göttingen 1992, S. 260 f)

---

[1] gemeint ist die SPD, die 1890 bei den Reichstagswahlen 19,7 % erreicht hatte
[2] Fonds aus dem beschlagnahmten Vermögen König Georgs V. von Hannover. Die Zinsen verwendete Bismarck zur Bekämpfung der Regierungsgegner

Arbeitsaufträge

1. Welche Kritik übt Richter an der politischen Hinterlassenschaft Bismarcks?

2. Informieren Sie sich anhand der Sachinformationen über Bismarcks Verhältnis zur Sozialdemokratie und zu den Konfessionen.

3. Welchen Regierungsstil bevorzugte Bismarck?

CHRONOLOGIE

1870
Päpstliches „Unfehlbarkeitsdogma"

1871
Beginn des **Kulturkampfes**:

1872
Verbot des Jesuitenordens, Einführung der staatlichen Schulaufsicht

1873
Staatsaufsicht über die Priesterausbildung, Vetorecht gegen kirchliche Ämterbesetzung

1875
Einführung der Zivilehe

1873
Wirtschaftskrise („Große Depression")

1878
Zwei Attentate auf den Kaiser: **„Sozialistengesetze"**: Verbot der Parteiorganisation und Presse der SPD; Hausdurchsuchungen, Ausweisungen, Gefängnisstrafen

Schutzzollpolitik

1879
Reichstag beschließt Schutzzölle für Industrie und Landwirtschaft

1883/84
Sozialgesetzgebung:
Kranken-, Unfall- und Alters- und Invaliditätsversicherung

1890
Aufhebung der Sozialistengesetze, SPD erreicht 19,7% der Reichstagssitze

SACHINFORMATIONEN

Deutsch-Freisinnige Partei

1884 schlossen sich die *Deutsche Fortschrittspartei* und die von den Nationalliberalen abgespaltene *Liberale Vereinigung* zur *Deutschen Freisinnigen Partei* zusammen, die als einzige der bürgerlichen Parteien in Opposition zu Bismarck stand. Sie setzte sich für liberale Grundideen in Staat und Wirtschaft, später, unter dem Eindruck der sich verschärfenden sozialen Frage, verstärkt auch für sozialreformerische Ideen ein. (→ Schaubild S. 95)

Sozialistengesetze

Mitte der 70-er Jahre hatte sich auf dem Parteikongress der SPD ein Programm durchgesetzt, das den Umsturz des bestehenden Systems forderte. Den revolutionären sozialistischen Internationalismus (Klassenkampf) sahen Bismarck und das konservative Unternehmertum als große Gefahr für den jungen Nationalstaat an. Zwei Attentate gegen den Kaiser, die der SPD in die Schuhe geschoben worden waren, nahm Bismarck zum Anlass, mit Hilfe der Konservativen im Reichstag das „Gesetz gegen die gemeingefährlichen Bestrebungen der Sozialdemokratie" durchzubringen. Es sah vor, Versammlungen linker Vereine aufzulösen und die Verbreitung sozialistischer Schriften zu verbieten. Das Gesetz legte praktisch den gesamten Parteiapparat der SPD lahm und zwang sie in die Illegalität. Dennoch konnten die Sozialdemokraten ihr Wahlergebnis in der Zeit der Unterdrückung kontinuierlich steigern.

Kulturkampf

Die päpstliche Enzyklika *„Irrtümer der Zeit"*, die die Unterordnung des Staates und der Wissenschaft unter die Autorität der Kirche forderte, und das *Dogma von der Unfehlbarkeit des Papstes in Lehrentscheidungen* wurden als Einmischung der katholischen Kirche in die Angelegenheiten des Staates empfunden. Mit dem Vorwurf des *Ultramontanismus*[1] kritisierte Bismarck die Kulturpolitik des *Zentrums* und stellte die nationale Zuverlässigkeit der deutschen Katholiken in Frage. Die Einmischung der Kirche in staatliche Angelegenheiten wurde unter Strafe gestellt, die Schulaufsicht ging an den Staat über, die Zivilehe wurde obligatorisch. Bismarcks Motiv für den Kulturkampf lag in seinem Misstrauen gegen ein katholisches, „reichsfeindliches" Sonderinteresse mit unberechenbaren Bindungen zum Ausland begründet. Zumal sich das Zentrum auch für die katholischen Polen im preußischen Osten einsetzte. Der katholische Widerstand wuchs jedoch, die Zentrumspartei konnte ihre Wählerschaft verdop-

---

[1] ultra montes = jenseits der Berge, Schlagwort zur Bindung des deutschen Katholizismus an die Kurie in Rom

peln. Bismarck musste die Maßnahmen zum großen Teil nach und nach zurücknehmen. Grundsätzlich galt jedoch weiterhin: Wer eine andere Politik als Bismarck verfolgte, war ein „Reichsfeind". Anfangs waren es die Katholiken, zeitweise die Linksliberalen, stets jedoch nationale Minderheiten (Polen, Elsässer) und Sozialisten.

Schutzzollpolitik

Zu den grundsätzlichen Überzeugungen des Wirtschaftsliberalismus gehörte der Freihandel. Allerdings wurde während des Gründerkrachs von 1873 darauf gedrängt, den Absatz im Inland durch Schutzzölle vor ausländischer Konkurrenz zu schützen. Der Hinweis auf gefährdete Arbeitsplätze machte diese Auffassung populär. Besonders die traditionell staatstragende Schicht der ostelbischen Junker forderte Schutzzölle auf ausländisches Getreide. Bismarck brachte mit den Stimmen der Konservativen, des Zentrums und einiger Liberaler das Bündnis zwischen „Roggen und Eisen" in der Frage der Schutzzölle zustande. Allerdings verlor Bismarck die bisher reibungslose Zusammenarbeit mit den Nationalliberalen und musste mit wechselnden Mehrheiten regieren.

Sozialgesetzgebung

Die politische Unterdrückung der organisierten Arbeiterschaft im neuen Staat beseitigte das Problem der „Arbeiterfrage" nicht. Um eine weitere Abkehr der Arbeiter vom Deutschen Reich zu vermeiden, hielt es Bismarck für angebracht, sich wenigstens um das äußere Wohl des Arbeiters zu kümmern. Eine kaiserliche Botschaft vom 17. 11. 1881 kündigte eine Reihe von Gesetzen an, um „den Hilfsbedürftigen größere Sicherheit und Ergiebigkeit des Beistands, auf den sie Anspruch haben, zu hinterlassen". Die soziale Gesetzgebung der nächsten Jahre – 1883 Krankenversicherung, 1884 Unfallversicherung, 1889 Invaliditäts- und Altersversicherung – war international vorbildlich.

6. Bismarcks Bündnissystem

Aus dem Kissinger Diktat Bismarcks vom 15. 6. 1877

1 „Ein französisches Blatt sagte neulich von mir, ich hätte ‚le cauchemar des coalitions‘[1], die-5 se Art Alp wird für einen deutschen Minister noch lange, und vielleicht immer, ein sehr berechtigter bleiben. Koalitionen gegen uns können auf west-10 mächtlicher Basis mit Zutritt Österreichs sich bilden, gefährlicher vielleicht noch auf russisch-österreichischer-französischer; eine große Intimität zwischen zweien der drei letzt-15 genannten würde der dritten unter ihnen jederzeit das Mittel zu einem sehr empfindlichen Drucke auf uns bieten. In der Sorge vor diesen Eventualitä-20 ten, nicht sofort, aber im Laufe der Jahre, würde ich als wünschenswerte Ergebnisse der orientalischen Krise für uns ansehen:

25 1. Gravitierung[2] der russischen und der österreichischen Interessen und gegenseitigen Rivalitäten nach Osten hin, 2. der Anlaß für Rußland, eine starke 30 Defensivstellung im Orient und an seinen Küsten zu nehmen, und unseres Bündnisses zu bedürfen, 3. für England und Rußland ein befriedigender Sta-35 tus quo, der ihnen dasselbe Interesse an Erhaltung des Bestehenden gibt, welches wir haben, 4. Loslösung Englands von dem uns feindlich bleiben-40 den Frankreich wegen Ägyptens und des Mittelmeeres, 5. Beziehungen zwischen Rußland und Österreich, welche es beiden schwierig machen, die antideut-45 sche Konspiration gegen uns gemeinsam herzustellen [...].

Wenn ich arbeitsfähig wäre, könnte ich das Bild vervollständigen und feiner ausarbeiten, 50 welches mir vorschwebt: nicht das irgendeines Ländererwerbs, sondern das einer politischen Gesamtsituation, in welcher alle Mächte außer Frankreich unser 55 bedürfen, und von Koalitionen gegen uns durch unsere Beziehungen zueinander nach Möglichkeit abgehalten werden. [...]

(Aus Michael Stürmer [Hrsg.], Bismarck und die preußisch-deutsche Politik, München 1970, S. 100 f)

Arbeitsaufträge

1. *Welche außenpolitischen Prinzipien Bismarcks gibt das Kissinger Diktat wieder?*

2. *Skizzieren Sie mithilfe der Chronologie und der Sachinformationen Bismarcks Bündnissystem. Wo liegen die Stärken, wo die Schwächen?*

---

[1] Alptraum von Koalitionen
[2] Schwerpunktsetzung

3. Welche Entwicklung nimmt Bismarcks Bündnissystem nach 1890?

CHRONOLOGIE

18. 1. 1871
Proklamation des preußischen Königs zum Deutschen Kaiser in Versailles

1873
Dreikaiserabkommen zwischen Deutschland, Österreich und Russland zur Garantie des Status quo in Europa

1875 – 78
„Krieg-in-Sicht"-Krise

1878
Berliner Kongress versucht die Krise auf dem Balkan zu lösen. Spannungen im deutsch-russischen Verhältnis

1879
Verteidigungsbündnis Deutschland – Österreich (**Zweibund**) als Defensivallianz gegen Russland

1881
Neutralitätsabkommen (bei Verwicklungen mit einer vierten Macht) zwischen Deutschland, Österreich und Russland (**Dreikaiserabkommen**)

1883
Italien schließt sich dem Zweibund an (**Dreibund**).

ab 1884
Erwerb deutscher **Kolonien** in Afrika und im Pazifik

ab 1885
Neue **Spannungen auf dem Balkan**, Ersatz des Dreikaiserabkommens durch den

1887
Rückversicherungsvertrag zwischen Deutschland und Russland (mit geheimem Neutralitätsabkommen) und Mittelmeerabkommen zwischen Großbritannien, Österreich, Italien und Spanien

1890
Rücktritt Bismarcks, Wilhelm II. erneuert den Rückversicherungsvertrag nicht.

1894
Französisch-russischer Zweibund

1912
Scheitern der deutsch-englischen Rüstungsbeschränkungsverhandlungen

SACHINFORMATIONEN

Bündnissystem Bismarcks 1873 – 1890

Nach der Reichsgründung war es die Absicht der bismarckschen Außenpolitik, die Erhaltung und Sicherung des Status quo zu erreichen. Die Revanche Frankreichs (Verlust Elsass-Lothringens) und einen eventuellen Zweifrontenkrieg gegen Frankreich und Russland fürchtend, strebte Bismarck als Ziel die Einkreisung und Isolierung Frankreichs an. Das Mittel sollte die Einbindung Deutschlands in ein umfassendes europäisches, defensives Bündnissystem sein. Trotz der sich durch die Kolonialpolitik der Mächte abzeichnenden weltpolitischen Strukturen blieb als Ausgangspunkt der bismarckschen Außenpolitik die **Saturiertheit** des Reiches, das Denken in nahezu ausschließlich europäischen Kategorien und das bisher bewährte System des Gleichgewichts der Mächte bestehen.

„Krieg-in-Sicht"-Krise

Gegen die Modernisierung der Armee Frankreichs, das zutiefst verletzt war wegen der Annexion Elsass-Lothringens durch das Deutsche Reich, versuchte Bismarck diplomatisch vorzugehen, wodurch er die „Krieg-in-Sicht-Krise" auslöste. Bismarck hatte in einem Zeitungsartikel diesen Begriff lanciert. Der Widerstand Englands und Russlands zwang Bismarck im Kissinger Diktat, die Grundlinien seiner Isolierungspolitik gegenüber dem Nachbarn zu entwickeln.

Saturiertheit Deutschlands

Eine von Bismarcks außenpolitischen Leitlinien. Sie bedeutete den Verzicht auf Veränderung des Status quo durch Ländererwerb.

„Orientalische Krise" (Balkankonflikte)

Außenpolitische Generallinie Russlands war der Zugang zum offenen Meer durch die türkisch bestimmten Meerengen (Hellespont, Bosporus). Slawische Aufstände gegen die Türkei nutzte Russland für seine Zwecke. Bismarck lehnte es ab, sich an Russland anzulehnen, obwohl ihm die Rückendeckung (Vermeidung einer Zweifrontensituation) wichtig war. Andererseits brauchte er Österreich als „Bollwerk" gegen das Slawentum. Nach dem Sieg über die Türkei konnte Russland seinen Einflussbereich auf dem Balkan ausdehnen. England sah dadurch seine Stellung im östlichen Mittelmeer bedroht. Ein Krieg gegen Russland mit Unterstützung Österreichs schien unvermeidbar. Durch geschickte Vermittlertätigkeit Bismarcks auf dem **Berliner Kongress** konnte dieser Krieg vermieden werden.

Berliner Kongress

Beilegung des Balkankonflikts zwischen England, Österreich und Russland. Der Balkan wurde nach englisch-österreichischen Wünschen geordnet. Die öffentliche Meinung in Russland richtete sich gegen Deutschland, führte zur Auflösung des Dreikaiserabkommens und trieb das Land später in die Arme Frankreichs! Dies war Anlass für eine grundsätzliche Neuorientierung der deutschen Außenpolitik, die zum **Zweibund** führte.

Panslawismus

Von Russland auf dem Balkan geförderte Bewegung zur Herauslösung aller Slawen aus dem türkischen Staatsverband durch einen kulturellen und politischen Zusammenschluss unter der Führung Moskaus. Er wandelte sich immer mehr zu einem „Panrussismus" und führte zunehmend zu Verwicklungen mit dem Vielvölkerstaat Österreich.

Rückversicherungsvertrag

Vertrag zwischen Russland und Deutschland als Ersatz für das Dreikaiserabkommen. Wichtigste Übereinkunft war die gegenseitige Neutralität im Krieg mit Drittmächten außer bei einem deutschen Angriff auf Frankreich und einem russischen auf Österreich. Ein geheimes Zusatzprotokoll sicherte die russischen Interessen am Bosporus und widersprach damit dem Zweibund.

Kolonialpolitik

Der Anstoß zum Erwerb deutscher Kolonien ging nicht von Bismarck, sondern von deutschen Kaufleuten aus. Kolonien galten dem 1882 gegründeten Kolonialverein als Notwendigkeit. Nur zögernd gewährte Bismarck den deutschen Handelsniederlassungen staatlichen Schutz.

7. Zusammenfassung

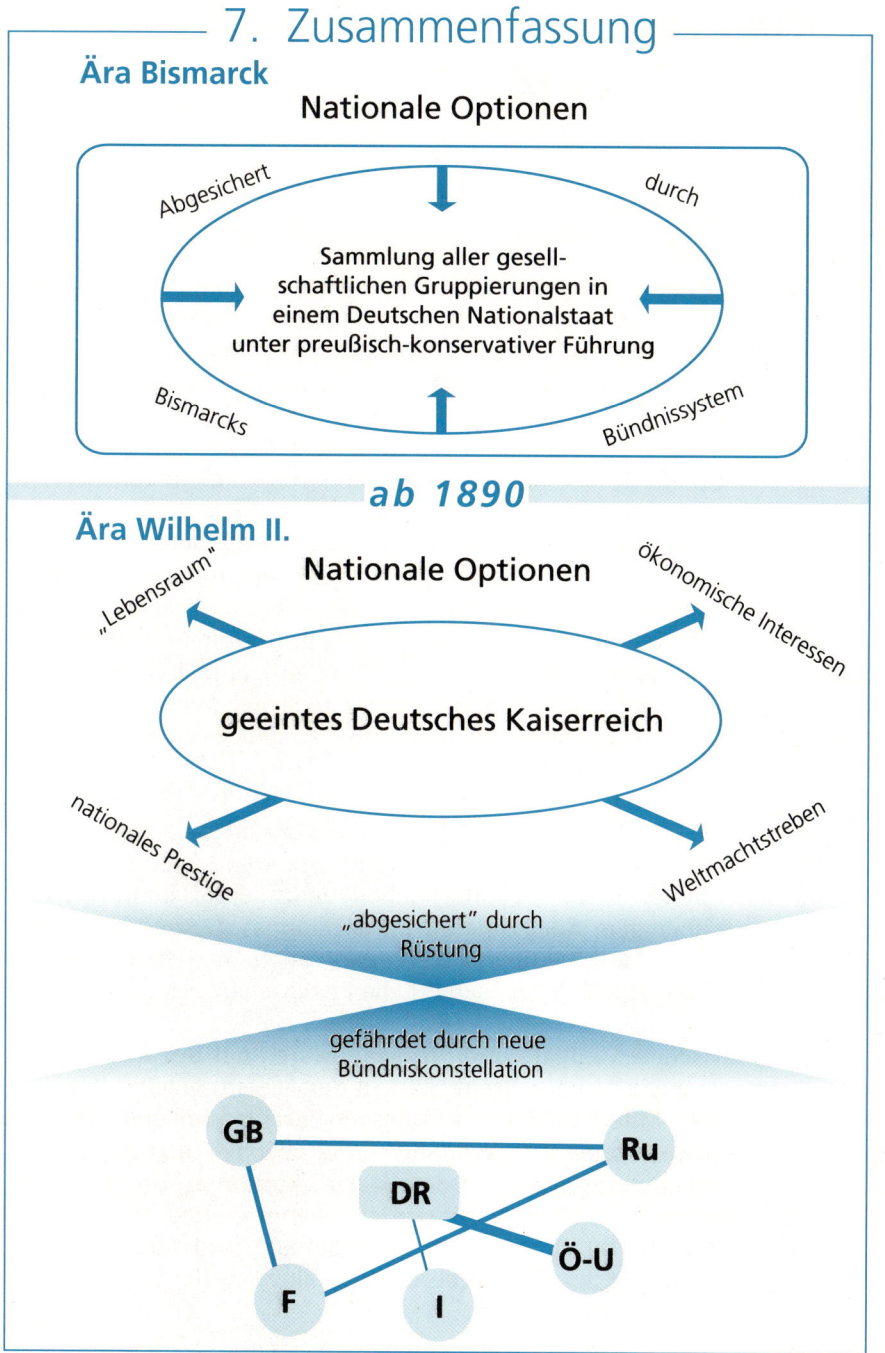

Ära Bismarck

Nationale Optionen

Abgesichert durch

Sammlung aller gesell-
schaftlichen Gruppierungen in
einem Deutschen Nationalstaat
unter preußisch-konservativer Führung

Bismarcks Bündnissystem

ab 1890

Ära Wilhelm II.

Nationale Optionen

„Lebensraum" ökonomische Interessen

geeintes Deutsches Kaiserreich

nationales Prestige Weltmachtstreben

„abgesichert" durch
Rüstung

gefährdet durch neue
Bündniskonstellation

GB Ru

DR

Ö-U

F I

E Das Deutsche Kaiserreich (1890 – 1914)

1. Einführung

Nach Bismarcks erzwungenem Rücktritt (1890) wurde mit dem „persönlichen Regiment" Kaiser Wilhelms II. eine ganz neue Ära eingeleitet. Der Bismarck-Staat war eine Art „Kanzler-Diktatur im monarchischen Gewand" (→ Kapitel D 4), mit seinem „neuen Kurs" riss Wilhelm II. die Zügel der Politik an sich.

Dennoch konnte der Kaiser nicht mehr allein herrschen. Entscheidenden Einfluss übten die mächtigen Interessenverbände, das Militär und im Hintergrund agierende Einzelberater aus. Das „persönliche Regiment" des Kaisers war somit eine Herrschaftsform, in der ein antidemokratischer Interessenpluralismus den Kaiser zu einer Politik drängte, in dessen Verlauf die von Bismarck kunstvoll gestaltete innen- und außenpolitische Kräftebalance verloren ging. Diese auf feudalen Prinzipien basierende Herrschaftsform traf auf eine industriell geprägte Bürgergesellschaft, die sich in zunehmendem Maße an den Wertvorstellungen des Adels und Militärs orientierte.

In den zwanzig Jahren zwischen Reichsgründung und dem Regierungsantritt Wilhelms II. hatte sich in Deutschland trotz Konjunktureinbrüchen ein wirtschaftlicher Aufstieg ohnegleichen vollzogen. Das Bürgertum gewann gegenüber dem Adel zunehmend an Einfluss, besonders in den Städten. In Presse und Bildungswesen, aber auch in den Interessenverbänden konnte es seine gesellschaftliche Position stärken.

Die innenpolitischen Konflikte und Probleme waren mit der Reichsgründung nicht gelöst worden. Die breite Schicht der Arbeiterschaft blieb von einer politischen Mitsprache noch völlig ausgeschlossen und fand im neuen Nationalstaat keine Anerkennung. Trotz aller Beeinträchtigungen durch den Staatsapparat gelang es den Sozialdemokraten, zur stärksten Reichstagsfraktion aufzusteigen. Die zutiefst beunruhigten Machteliten versuchten daraufhin durch außenpolitische Erfolge, basierend auf einer aggressiven Machtpolitik, weite Teile der Bevölkerung für den Staat zu solidarisieren.

Begleitet wurden diese außenpolitischen Vorstöße durch eine gewaltige Rüstungsanstrengung, die zu einem wachsenden Konflikt mit England führte und besonders durch den stark forcierten Ausbau der Flotte die Gegnerschaft verstärkte.

Die von Bismarck stets befürchtete, aber mit seinem Bündnissystem geschickt verhinderte Konstellation, nämlich die Annäherung Großbritanniens an Frankreich und Russland, war durch die Kündigung seines Vertragssystems Wirklichkeit geworden.

So blieb dem Deutschen Reich als einziger Bündnispartner nur der Vielvölkerstaat Österreich mit all seinen ungelösten nationalen Problemen und seiner Verstrickung in die Konflikte auf dem Balkan. Mit dem Mord am österreichischen Thronfolger in Sarajewo wurde Deutschland mit in den Strudel der Interessengegensätze und nationalen Leidenschaften hineingezogen, aus denen schließlich, von niemandem gewollt, aber dennoch einkalkuliert, der Erste Weltkrieg entbrannte.

2.   Gesellschaft des Kaiserreichs

1 „[…] Viele […] Prozesse kulminieren im Kaiserreich, das als Epoche ebenso den Höhepunkt der Wanderungsmobilität erlebt
5 wie den Durchbruch eines neuen generativen Verhaltens, das dauerhafte Eindringen der Massen in die Politik, den entscheidenden Umbruch von der
10 agrarisch zur industriell geprägten Wirtschaft wie den Übergang von der ländlichen zur städtischen Gesellschaft. […]
Der beschleunigte Wandel hat
15 viele Menschen in ihrer Identität erschüttert und sie in ihren Gewißheiten verunsichert […] Die Reaktionen hierauf waren vielfältig: Anti-Modernitätsaffek-
20 te, bewußtes Festhalten an den angefochtenen Traditionsbeständen, Statusunsicherheit, aber auch […] Suche nach neuen Sinnstiftungen – man denke
25 nur […] an die modernen Ersatzreligionen des Nationalismus und des Sozialismus. […]
Wir haben […] bereits das zähe Fortleben der Traditionen von
30 Obrigkeitsstaat, Militärmonarchie, bürokratischer Herrschaft und Dominanz der alten Eliten erwähnt. Das waren Barrieren gegen die Modernisierung auch
35 des politischen Systems, sie erzeugten Spannungen im gesellschaftlichen Gefüge […]

(T. Nipperdey, Deutsche Geschichte 1866 – 1918 , Bd. 2: Machtstaat vor der Demokratie, München 1992, S. 881 f)

Arbeitsaufträge

1. *Geben Sie die Prozesse des Wandels wieder, von denen das wilhelminische Kaiserreich nach Nipperdey geprägt wurde.*

2. *Welche Reaktionen zeigte der historische Wandel im Kaiserreich. Versuchen Sie die Aussagen Nipperdeys anhand von Beispielen zu belegen. Verwenden Sie dazu Einleitung, Chronologie und Sachinformationen.*

3. *Welche gesellschaftlichen „Spannungen" traten im wilhelminischen Kaiserreich auf?*

CHRONOLOGIE

1888 – 1918
Regierungszeit Wilhelms II.

1873
Beginn einer Wirtschaftskrise, die sich mit konjunkturellen Schwankungen bis in die Mitte der 90er Jahre fortsetzt.

ab 1890
„Persönliches Regiment" Wilhelms II.

1890
Aufhebung des bismarckschen Sozialistengesetzes

1891

Entstehung von **Interessen-verbänden**: Centralverband Deutscher Industrieller, Alldeutscher Verband (1891), Bund der Landwirte (1893), Bund deutscher Frauenvereine (1895), Bund der Industriellen (1895), Hansa-Bund für Gewerbe, Handel und Industrie (1909)

seit 1895

Hochkonjunkturelle Phase mit stürmischer technischer Entwicklung; starke Konzentrationstendenzen in der deutschen Industrie

1900

Das BGB erkennt **Frauen** als eigene Rechtssubjekte an; Frauen dürfen das Abitur ablegen und ein Studium absolvieren.

1900

33 Großstädte (1800 zwei Großstädte)
Starkes **Bevölkerungswachstum** (41 Mio. Einwohner 1871, 67 Mio. Einwohner 1914)

ab 1900

Sozialdemokraten, Juden, Katholiken und Freisinnige gelten als ungeeignet für den Staatsdienst.

1908

Enteignungsgesetz: Im Osten können im Zuge der Germanisierungspolitik polnische Güter enteignet werden, „Ostmarkenverein" propagiert „Kampf gegen das Polentum";
Frauen dürfen Parteimitglieder werden.

1913

Die Freien Gewerkschaften bilden mit 2,5 Mio. Mitgliedern die größte Gewerkschaft Europas.

1913

„Zabern"- Affäre:
Preußisches Militär löst Volksversammlung in Zabern auf und nimmt 28 Demonstranten fest. Der verantwortliche Kommandeur maßt sich Gerichtsbefugnisse an. Ein Militärgericht spricht ihn frei.

SACHINFORMATIONEN

„Persönliches Regiment"

Wilhelm II. fasste seine Regierung als persönliches Regiment auf, indem er Reichskanzler, Staatssekretäre und preußische Minister zu seinen Handlangern degradierte. Ein eigentliches Regierungskonzept konnte er nicht entwickeln, sodass in der Innenpolitik keine eindeutige Richtung erkennbar war.

Außenpolitisch war das persönliche Regiment auf eine Verstärkung der Weltgeltung Deutschlands gerichtet, was durch einen größeren Einfluss der Militärs auf die Politik gekennzeichnet war. Wilhelm gab militärischem Denken den Vorzug vor politischem.

Militarismus

Die hohe Wertschätzung, die das Militär seit den Einigungskriegen genoss, führte in der Bevölkerung zur Übernahme militärischer Leitbilder.

In der Folge davon wurden die militärischen Normen auf Gesellschaft, Schule und Ämter übertragen. Offizierskorps und Armee erfuhren als „Schule der Nation" geradezu eine Idealisierung („Gesinnungsmilitarismus"). Idol war der „schneidige", preußische Leutnant, der Status eines Reserveoffiziers hob das Ansehen.

Nationalismus

Der wilhelminischen Gesellschaft fehlte der Bezug zu einem übergeordneten Wertekonsens. Somit herrschte im gesellschaftlichen System der ideologisch aufgeladene Kampf aller gegen alle. Als Kompensationsmittel wurde der Nationalismus instrumentalisiert: man identifizierte die bestehende Gesellschaftsordnung mit der Nation und brandmarkte Systemveränderer als „Vaterlandslose". Nationaldenkmäler, Nationalfeiertage waren Ausdruck des staatlich geförderten Nationalismus, dem sich letztlich auch die Arbeiterschaft nicht entziehen konnte.

Antisemitismus

Begriff für die Ablehnung und Bekämpfung der Juden aus rassischen, religiösen und sozialen Motiven. Bis ins 19. Jahrhundert war der Antisemitismus vorrangig religiös und sozial motiviert.

„Legitimiert" wurde die Ablehnung besonders als Folge der rechtlichen und gesellschaftlichen Gleichstellung der Juden Ende des 19. Jahrhunderts u. a. durch die scheinbar wissenschaftlich begründete Lehre des Franzosen *Gobineau* von der Ungleichheit und Ungleichwertigkeit der Rassen. Die sozialpsychologische Erklärung der Judenfeindschaft rührte von der Reaktion auf die wirtschaftlichen und gesellschaftlichen Krisen der Zeit her. Gleichzeitig war damit ein antiliberaler und antikapitalistischer Akzent verbunden. An die weit verbreiteten antisemitischen Vorurteile konnte der Nationalsozialismus des 20. Jahrhunderts anknüpfen.

Ausgrenzung nationaler Minderheiten

Die nach der Reichsgründung einverleibten nationalen Minderheiten (Elsässer, Dänen, Polen) sahen sich immer heftiger einer „Germanisierungspolitik" ausgesetzt. Da die Verfassung keinen Minderheitenschutz kannte, verschärften sich unter dem aggressiven Nationalismus des imperialistischen Zeitalters die Nationalitätenprobleme im Kaiserreich.
(→ Chronologie S. 84/85)

Fortschrittsglaube

Wichtiges Integrationselement des Kaiserreichs war neben dem Nationalismus, dem Militarismus und der Fremdenfeindlichkeit der Glaube an eine bessere Zukunft.

Interessenverbände

Der Beginn der Deflationsphase in der Zeit nach 1873, das Ende des wirtschaftlichen Booms und die zunehmenden Gegensätze zwischen Arbeitern, Industriebürgertum und feudalen Großagrariern begünstigten die Bildung industrieller und agrarischer Interessenverbände.

So organisierten sich ökonomische und gesellschaftliche Gruppierungen als umfassende, durchorganisierte Gebilde mit dem Ziel, auf Gesetzgebung und Regierungspolitik Einfluss zu nehmen. Schutzzoll- und Flottenpolitik sind Beispiele für die direkte Einflussnahme auf Gesetzgebung und Regierungspolitik.

Verstädterung und Arbeiterschaft

Der Verstädterungsprozess, der durch die Industrialisierung eingeleitet worden war, beschleunigte sich immer mehr zur „demografischen Revolution". Das Stadtleben führte zu neuen sozialen Strukturen, die für viele Menschen aus ländlicher Gemeinschaft zum Problem wurden. Einen Ausweg stellten Arbeiterorganisationen, Arbeiterbildungsvereine, Arbeitersportvereine, Gesangvereine, Schrebergartenbewegung dar.

Arbeiterschaft

Die Arbeiterschaft war zur stärksten gesellschaftliche Gruppe geworden. Die Leidenszeit während der Verfolgung zur Zeit des Sozialistengesetzes prägte ihr Bild des harten Obrigkeitsstaates, der sie als „vaterlandslose Gesellen" ausgrenzte. Dadurch wurde der innere Zusammenhalt der Arbeiterschaft, auch wegen der fehlenden Integration in die Gesellschaft des wilhelminischen Reiches, zunehmend gefestigt.

Die vorherrschenden Wertvorstellungen des wilhelminischen Deutschlands wurden nur zum Teil zögernd übernommen.

Adel / Bürgertum

Der Adel konnte seine Privilegien v. a. in der Militärhierarchie zum großen Teil behaupten. Daneben bildete sich, begünstigt durch die wirtschaftliche Entwicklung im Gefolge der Reichsgründung, ein ökonomisch bedeutendes Bürgertum aus, das über den wirtschaftlichen Erfolg hinaus seinen gesellschaftlichen Einfluss zu erweitern suchte. Die Hoffnung auf eine allmähliche Demokratisierung des politischen Systems war enttäuscht worden. Die überragende Stellung des Adels, auch gegründet auf dem dominanten Militarismus des Kaiserreichs, ließ auch im Bürgertum das Leitbild des preußischen Leutnants wirken. Als Ausgleich für die Unterordnung unter den obrigkeitlichen Staat konnte ein Hang zur Feudalisierung des Bürgertums festgestellt werden: Der erfolgreiche Fabrikant strebte nach dem Adelstitel und versuchte auf diese Weise, die gesellschaftliche Hierarchie zu erklimmen (vgl. Heinrich Mann, Der Untertan).

Frauen

Bis 1900 (BGB) unterstanden Frauen dem Vater oder Ehemann. Ohne Zustimmung des Mannes durften Frauen weder beruflich tätig sein noch über Besitz verfügen. Auch von höherer Bildung (Preußen bis 1908) und vom Wahlrecht (bis 1919) waren sie ausgeschlossen.

Mit der Ausdehnung der Frauen-Erwerbsarbeit im Zuge der Industrialisierung ergaben sich neue Benachteiligungen: geringerer Lohn, keine Aufstiegsmöglichkeiten. Es dominierte weiterhin die traditionelle Rollenverteilung: „Kinder, Küche, Kirche". Neben einer sozialistischen Frauenbewegung (Rosa Luxemburg) organisierte sich auch eine bürgerliche Richtung im Bund Deutscher Frauenvereine.

3. Wilhelminische Weltpolitik

1. *Bismarcks Kissinger Diktat*
(→ Kapitel B 6)

2. *Freiburger Antrittsrede Max Webers (1895)*

1 [...] Nachdem die Einheit der Nation errungen war und ihre politische „Sättigung" feststand, kam über das aufwachsende
5 erfolgstrunkene und friedensdurstige Geschlecht des deutschen Bürgertums ein eigenartig „unhistorischer" und unpolitischer Geist. Die deutsche
10 Geschichte schien zu Ende. [...] An unserer Wiege stand der schwerste Fluch, den die Geschichte einem Geschlecht als Angebinde mit auf den Weg
15 zu geben vermag: das harte Schicksal politischen Epigonentums[1]. [...] Wir müssen begreifen, daß die Einigung Deutschlands ein
20 Jugendstreich war, den die Nation auf ihre alten Tage beging und seiner Kostspieligkeit halber besser unterlassen hätte, wenn sie der Abschluß
25 und nicht der Ausgangspunkt einer deutschen Weltmachtpolitik sein sollte. [...] Auch angesichts der gewaltigen Not der Massen der Nation,
30 welche das geschärfte soziale Gewissen der neuen Generation belastete, müssen wir aufrichtig bekennen: schwerer noch lastet auf uns das Bewußtsein unse-
35 rer Verantwortung vor der Geschichte. Nicht unserer Generation ist beschieden zu sehen, ob der Kampf, den wir führen, Früchte trug, ob sich die Nach-
40 welt zu uns als ihren Ahnen bekennt. Es wird uns nicht gelingen, den Fluch zu bannen, unter dem wir stehen: Nachgeborene zu sein einer politisch
45 großen Zeit, es müßte denn sein, daß wir verstünden, etwas anderes zu werden: Vorläufer einer größeren [...]

(Aus: J. J. Ruedorffer, Grundzüge der Weltpolitik der Gegenwart, Stuttgart u. Berlin 1914, S. 214 ff)

Arbeitsaufträge

1. *Worin unterscheiden sich die beiden in den Texten angesprochenen außenpolitischen Vorstellungen?*

2. *Skizzieren Sie anhand der chronologischen Angaben das internationale System seit 1890 und vergleichen Sie es mit Bismarcks Bündnispolitik.*

3. *Vergleichen Sie mithilfe der Chronologie Webers außenpolitischen Ausblick mit den tatsächlichen Ereignissen bis zum Ersten Weltkrieg.*

---

[1] Epigone = unschöpferischer Nachahmer großer Vorbilder

CHRONOLOGIE

1890
Entlassung Bismarcks

Neuer Kurs von
Kaiser Wilhelm II:

Kündigung des Rückversiche-
rungsvertrags: In Russland ent-
steht der Eindruck, Deutschland
ziehe die britische der russischen Freundschaft vor. Es
bestehen erhebliche Spannungen zwischen Russland und
Großbritannien im Vorderen
Orient und Ostasien.

1894
Französisch-russischer
Zweibund

1896
„Krügerdepesche" Wilhelms II.
(Gratulation zu einem militärischen Erfolg der Buren Südafri-
kas gegen die Engländer, anti-
deutsche Stimmung in England)

1899
Annäherung zwischen Frankreich und Großbritannien in
kolonialen Fragen. (In Faschoda
Abgrenzung der gegenseitigen
Interessensphären in Nord-
afrika)

1898 – 1912
Vergrößerung der deutschen
Schlachtflotte durch Flotten-
gesetz („**Risikoflotte**"),
Verstimmungen im deutsch-
englischen Verhältnis

1904
Entente Cordiale zwischen
England und Frankreich erweitert [1907] zur Triple-Entente
mit Russland

1905/06
Erste Marokkokrise.
Verstimmung in Frankreich,
internationale Isolierung
Deutschlands

1908
Bosnienkrise, Österreich annek-
tiert die osmanischen Provinzen
Bosnien und Herzegowina;
Deutschland solidarisiert sich
mit Österreich.

1911
Zweite Marokkokrise: „Panther-
sprung" nach Agadir, weitere
Isolierung Deutschlands

1912
Scheitern der englisch-deut-
schen Flottenverhandlungen
(Reduzierung der deutschen
Flottenstärke)

28. 6. 1914
Attentat von Sarajewo

1. 8. 1914
Beginn des Ersten Weltkriegs

SACHINFORMATIONEN

Max Weber (1864 – 1920)

Volkswirtschaftler und Soziologe. Als Politiker trat er für eine nationale Demokratie ein; er war Mitbegründer der Deutsch-Demokratischen Partei und nahm an den Verhandlungen in Versailles teil.

Neuer Kurs

Nach der Entlassung Bismarcks verkündete Wilhelm II. grundlegende Veränderungen in der Innen- und Außenpolitik.

Ergebnis dieses Kurswechsel war eine gegen Deutschland gerichtete und letztlich zu seiner Isolierung beitragende Bündniskonstellation in Europa.

Imperialismus

Als Imperialismus ist das Bestreben von Staaten zu bezeichnen, ihre Herrschaft über die eigenen Grenzen auszudehnen, fremde Völker mit militärischen, wirtschaftlichen oder kulturpolitischen Mitteln dem eigenen Machtbereich einzugliedern oder abhängig zu machen. Im vorgegebenen Zusammenhang bezeichnet Imperialismus die Kolonialpolitik der Nationalstaaten im letzten Drittel des 19. Jahrhunderts, wobei unterschiedliche Motive zum Tragen kommen:

- übersteigerter Nationalismus und Bestreben zu Größe und Weltmacht (→ Deutsches Reich)
- „Sozialimperialismus" (z. B. des Deutschen Reichs als Ventil zur Ableitung bzw. Kompensation innenpolitischer Schwierigkeiten mit der Absicht, die Herrschaft durch die Formulierung eines gemeinsamen äußeren Zieles zu stabilisieren)
- Gefühl der Überlegenheit der eigenen (weißen) Rasse
- nationales Sendungsbewusstsein (z. B. England, Frankreich)
- Erschließung neuer Absatzmärkte

Alldeutscher Verband

Als überparteiliche, nationalistische Bewegung entstanden, forderten die Alldeutschen die Stärkung des deutschen Nationalbewusstseins in enger Verbindung mit völkischen und imperialistischen Zielen, eine wesentlich aggressivere deutsche Kolonialpolitik und den raschen Ausbau der *Flotte* als wirkungsvollstes Demonstrationsinstrument deutscher Weltmachtstellung.

Der Verband verfügte über einflussreiche Verbindungen zu Regierung und Kaiser.

(Risiko-)Flotte

Zur Absicherung der angestrebten Weltmachtstellung schien dem Kaiser und Führern der Großindustrie und Wirtschaft die Verstärkung der deutschen Flotte notwendig zu sein. Die Stärke der Flotte sollte so ausgelegt werden, dass es für jede Macht ein Risiko dargestellt hätte, die deutsche Flotte anzugreifen. Diese Überlegungen wurden als konkretes Flottenbauprogramm von Admiral *Tirpitz* mit hohem propagandistischen Aufwand vorangetrieben und entfachte in der Bevölkerung eine ungeheure Marinebegeisterung. Zugleich kam ein zunehmend englandfeindlicher Ton auf, der England als habgierige Macht darstellt, nur darauf bedacht seinen Vorsprung als erste Seemacht der Welt nicht zu verlieren. Begründet wurde das nun in Gesetze geklidete Programm mit der Absicherung der deutschen Handelsinteressen in der Welt.

Marokkokrisen

Marokko war nach der französisch-englischen Annäherung *(1904)* zum französischen Interessengebiet erklärt worden. Anlässlich der „friedlichen Durchdringung" des Landes durch Frankreich glaubte Deutschland zur Wahrung seiner Handelsinteressen reagieren zu müssen. Der Reichskanzler setzte eine internationale Konferenz in *Algeciras* durch, auf der Frankreich Schranken gesetzt werden sollten. Deutschland musste jedoch eine diplomatische Niederlage hinnehmen und wurde zunehmend in seinem Vorhaben isoliert.

In der zweiten Krise (1911) besetzte Frankreich Marokko militärisch. Die Reichsregierung reagierte mit der Entsendung eines Kanonenbootes *(Panther)*. Marokko sollte den Franzosen überlassen bleiben. Zum Ausgleich forderte das Deutsche Reich das französische Kongogebiet. Frankreich blieb, gestützt auf die englische Rückendeckung, unnachgiebig. Deutschland musste sich mit einem Teilgebiet des Kongo zufrieden geben, was in der deutschen Öffentlichkeit als schwere diplomatische Niederlage empfunden wurde.

Attentat von Sarajewo

Am 28. Juni 1914 erlag der österreichische Thronfolger Franz Ferdinand einem serbischen Attentat. Die österreichisch-ungarische Regierung sah die Gefahr eines Krieges mit Russland und wollte sich der deutschen Hilfe versichern. Deutschland sagte Österreich-Ungarn unbedingte Bündnistreue zu (sog. *„Blanko-Vollmacht"*). Erst mit dieser Rückendeckung stellte Österreich-Ungarn ein Ultimatum an Serbien. Russland, auf Seiten Serbiens, hatte sich inzwischen um französische Unterstützung bemüht. Nur Großbritannien versuchte noch, den Konflikt auf Österreich-Ungarn und Serbien zu lokalisieren.

Das Netzwerk der kriegsvorbereitenden Absprachen auf beiden Seiten (Entente Cordiale bzw. deutsch-österreichisches Bündnis) erwies sich jedoch als wirkungsvoller. In beiden Lagern wurde von den Militärs ein präventives Losschlagen gefordert. Als erste erreichte die russische Generalität die Zustimmung zur Generalmobilmachung. Mit diesem Schritt der Gegenseite konnte die deutsche Reichsleitung innenpolitisch erfolgreich agieren, da jetzt der von ihr gewünschte Eindruck eines Verteidigungskrieges entstanden war.

Nach der deutschen Kriegserklärung an Russland und Frankreich marschierten deutsche Truppen gemäß dem Schlieffenplan ins neutrale Belgien ein. Dies führte zur Kriegserklärung Großbritanniens an Deutschland. Der Erste Weltkrieg begann.

4. Zusammenfassung

Das deutsche Kaiserreich 1871 – 1918

Verfassung von 1871

Bundesstaat mit Fürsten – an Stelle der Volkssouveränität,
Dominanz Preußens,
autoritär geführte Monarchie mit demokratischem Zusatz
(„Scheinkonstitutionalismus"),
autoritärer Obrigkeitsstaat, keine Formulierung der Grundrechte

Innenpolitik	**Außenpolitik**

Bismarck-Ära

Innenpolitik

Kulturkampf
(gegen Katholizismus)

Kampf gegen die
Sozialdemokratie
(„Revolutionsgefahr")

Sozialistengesetze
(Verbot sozialistischer
Betätigung)

Sozialgesetzgebung
(„Revolution von oben")
Integration der Arbeiter-
schaft durch Schaffung des
Sozialstaates

Außenpolitik

oberste Maxime:
Erhalt des europäischen
Status quo:
„Deutschland ist saturiert"

durch Schaffung eines
defensiven Bündnissystems
mit der Isolierung Frankreichs

Vermittler in europäischen
Konfliktlagen
(„ehrlicher Makler")

reduzierte Kolonialpolitik
(Kolonien als potentielle
Gefahrenmomente für den
europäischen Status quo)

**1890
Entlassung
Bismarks**

„Persönliches Regiment" Wilhelms II.

Militarisierung der
Gesellschaft

Nationalismus als
Integrationsideologie

Antisemitismus und Ausgrenzung
nationaler Minderheiten

Sozialpolitik

„Neuer Kurs"
„Platz an der Sonne"

Imperialismus
Weltmachtpolitik

Hochrüstung („Risikoflotte")

neues europäisches Bündnissystem
Isolierung Deutschlands

Weg in den Weltkrieg

F Längsschnitte

1. Deutsche Parteien vom Vormärz bis zum Ersten Weltkrieg

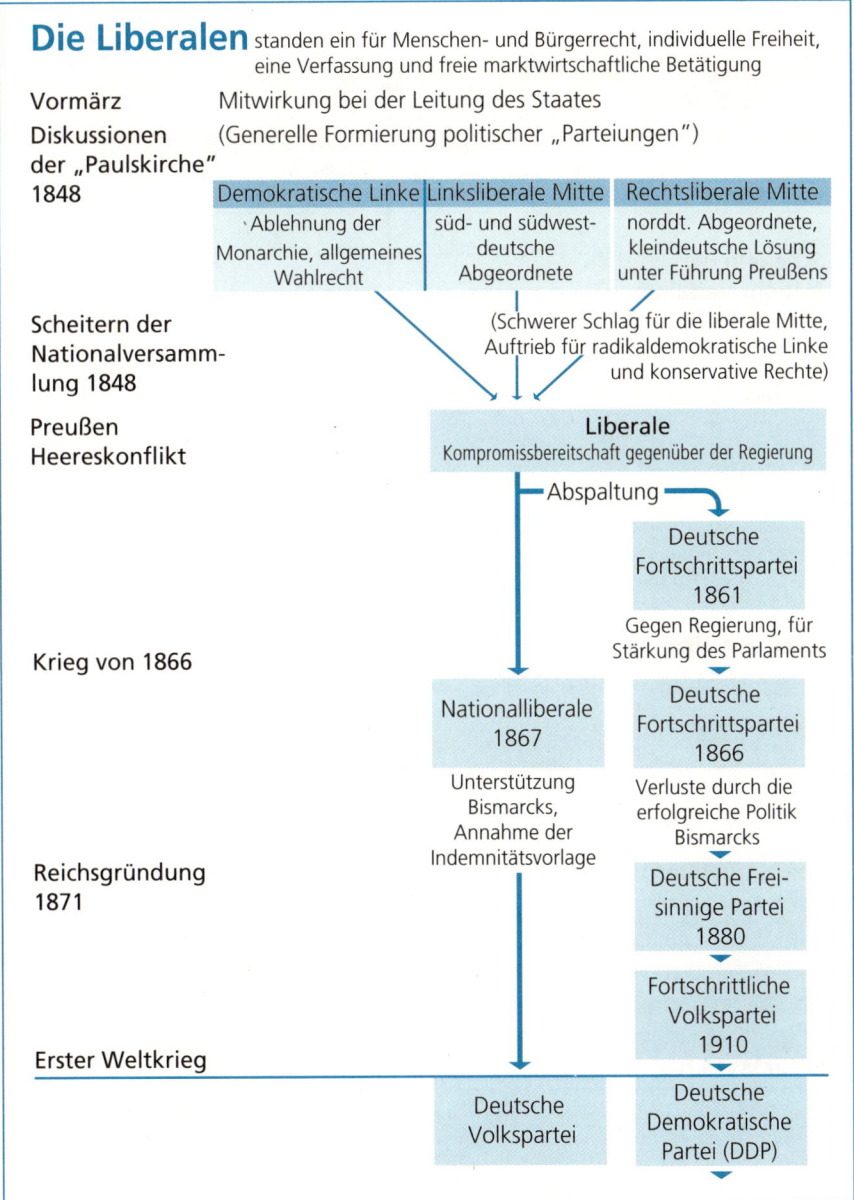

Die Liberalen standen ein für Menschen- und Bürgerrecht, individuelle Freiheit, eine Verfassung und freie marktwirtschaftliche Betätigung

Vormärz — Mitwirkung bei der Leitung des Staates

Diskussionen der „Paulskirche" 1848 — (Generelle Formierung politischer „Parteiungen")

Demokratische Linke	Linksliberale Mitte	Rechtsliberale Mitte
Ablehnung der Monarchie, allgemeines Wahlrecht	süd- und südwest-deutsche Abgeordnete	norddt. Abgeordnete, kleindeutsche Lösung unter Führung Preußens

Scheitern der Nationalversamm-lung 1848 — (Schwerer Schlag für die liberale Mitte, Auftrieb für radikaldemokratische Linke und konservative Rechte)

Preußen Heereskonflikt

Liberale
Kompromissbereitschaft gegenüber der Regierung

Abspaltung

Deutsche Fortschrittspartei 1861
Gegen Regierung, für Stärkung des Parlaments

Krieg von 1866

Nationalliberale 1867
Unterstützung Bismarcks, Annahme der Indemnitätsvorlage

Deutsche Fortschrittspartei 1866
Verluste durch die erfolgreiche Politik Bismarcks

Reichsgründung 1871

Deutsche Frei-sinnige Partei 1880

Fortschrittliche Volkspartei 1910

Erster Weltkrieg

Deutsche Volkspartei

Deutsche Demokratische Partei (DDP)

Der politische Katholizismus (Zentrum)

Im Vordergrund stand nicht die politische Diskussion um die Herrschaftsform, sondern um den Staatszweck und die Abgrenzung der Einflusssphären von Kirche und Staat.

Vormärz

Diskussionen der „Paulskirche" 1848   (Generelle Formierung politischer „Parteiungen")

katholische Rechte	gemäßigte konservative Rechte

Scheitern der Nationalversammlung 1848

Preußen Heereskonflikt

„Fraktion des Zentrum" im preußischen Landtag 1852

Krieg von 1866

Reichsgründung 1871

Zentrum 1870

Erster Weltkrieg

Abspaltung → Bayerische Volkspartei

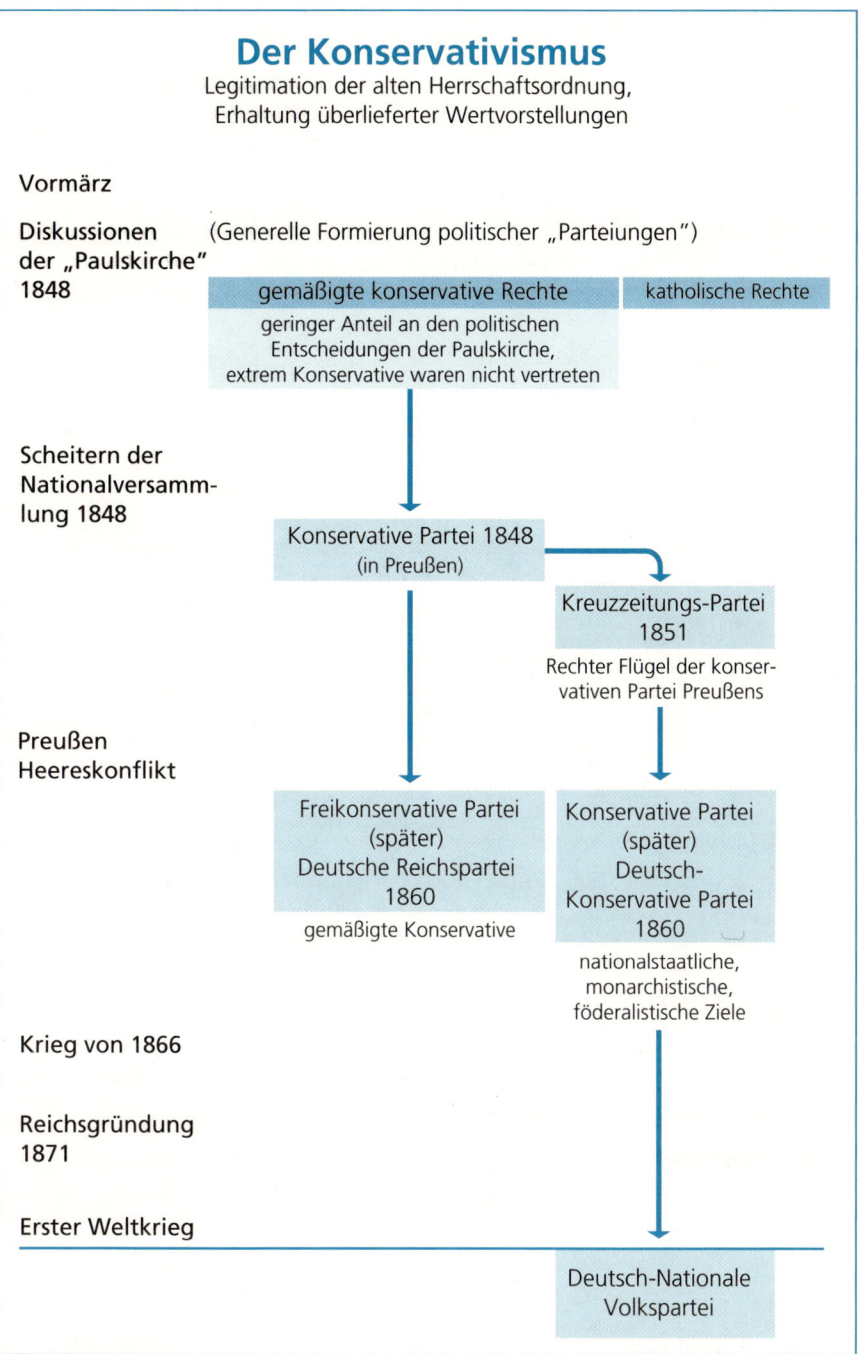

Der Konservativismus
Legitimation der alten Herrschaftsordnung,
Erhaltung überlieferter Wertvorstellungen

Vormärz

Diskussionen (Generelle Formierung politischer „Parteiungen")
der „Paulskirche"
1848

| gemäßigte konservative Rechte | katholische Rechte |

geringer Anteil an den politischen
Entscheidungen der Paulskirche,
extrem Konservative waren nicht vertreten

Scheitern der
Nationalversamm-
lung 1848

Konservative Partei 1848
(in Preußen)

Kreuzzeitungs-Partei
1851

Rechter Flügel der konservativen Partei Preußens

Preußen
Heereskonflikt

Freikonservative Partei
(später)
Deutsche Reichspartei
1860

gemäßigte Konservative

Konservative Partei
(später)
Deutsch-
Konservative Partei
1860

nationalstaatliche,
monarchistische,
föderalistische Ziele

Krieg von 1866

Reichsgründung
1871

Erster Weltkrieg

Deutsch-Nationale
Volkspartei

Arbeiterparteien

Ablehnung des bürgerlichen Staates
und Lösung sozialer Probleme

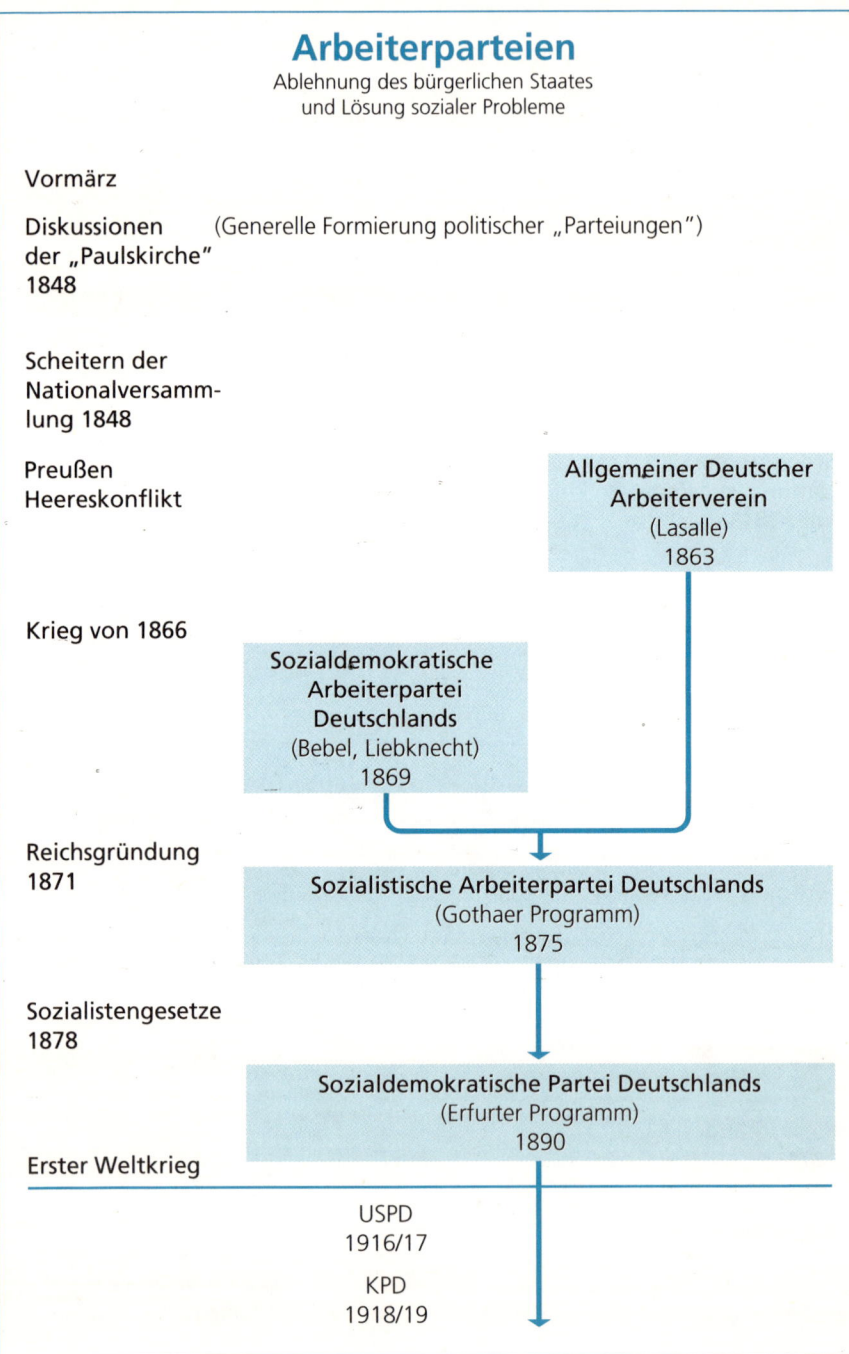

Vormärz

Diskussionen   (Generelle Formierung politischer „Parteiungen")
der „Paulskirche"
1848

Scheitern der
Nationalversamm-
lung 1848

Preußen
Heereskonflikt

**Allgemeiner Deutscher
Arbeiterverein**
(Lasalle)
1863

Krieg von 1866

**Sozialdemokratische
Arbeiterpartei
Deutschlands**
(Bebel, Liebknecht)
1869

Reichsgründung
1871

Sozialistische Arbeiterpartei Deutschlands
(Gothaer Programm)
1875

Sozialistengesetze
1878

Sozialdemokratische Partei Deutschlands
(Erfurter Programm)
1890

Erster Weltkrieg

USPD
1916/17

KPD
1918/19

2. Die Deutsche Frage

Über tausend Jahre hinweg bildeten die Fragen a) nach den Staatsgrenzen, b) nach den individuellen **Mitbestimmungsrechten** und sozialen Chancen im Staat und c) nach der **außenpolitischen Rolle** und Bedeutung eines deutschen Staates innerhalb des europäischen Machtgefüges eine Konstante deutscher Geschichte.

Zu verschiedenen Zeiten, verursacht durch unterschiedliche Anlässe, Ereignisse und politische Gegebenheiten, veränderte Deutschland seine innere und äußere Gestalt. Dieser dauernde Wandel erfuhr einen vorläufigen Endpunkt mit der Etablierung zweier souveräner Staaten in der Zeit des Kalten Krieges.

Die Deutsche Frage war und ist in den europäischen Kontext eingebettet und muss auch aus ihm heraus verstanden werden.

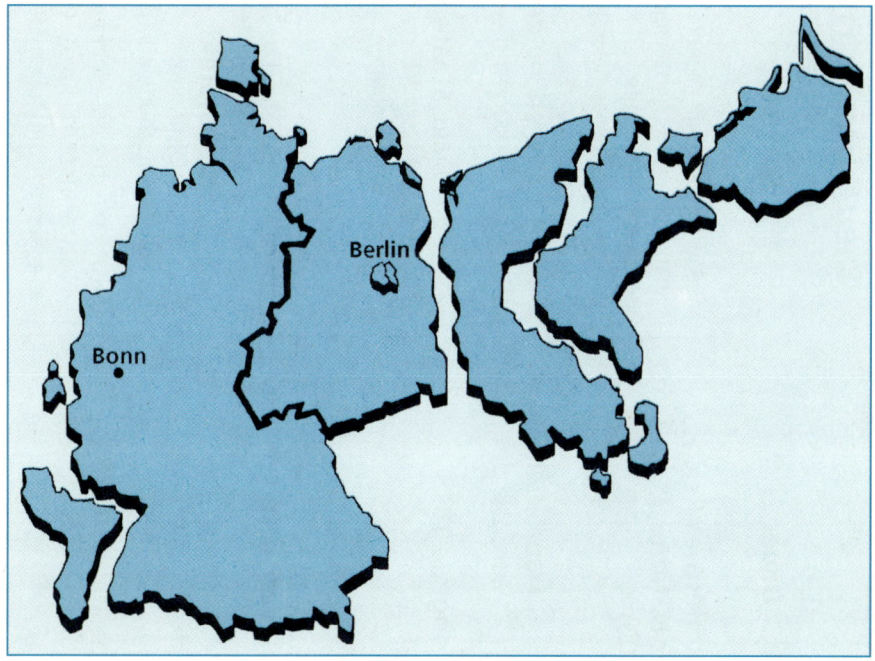

So zerfiel der kleindeutsche Nationalstaat von 1871   Aus: Die Zeit Nr. 8, 25. 2. 1972

Die Deutsche Frage

Dauer	Staatsform	Politisch-ideologische Ausprägung
Heiliges Römisches Reich Deutscher Nation (962 – 1806)	geografische Abgrenzung des übernationalen Herrschaftsbereichs des abendländischen, deutschen Kaisers und der ihm verbundenen Reichsterritorien	**Kaiser** war weltliches Oberhaupt der gesamten Christenheit
Französische Revolution und die Entstehung des modernen Nationenbegriffs; siegreiche deutsche Befreiungskriege gegen die napoleonische Fremdherrschaft		
Wiener Kongress 1815	Deutscher Bund: **Staatenbund** unter Einschluss nichtdeutscher Nationalitäten	FREIHEIT und NATION (von Napoleon) ····· (gegen französische Fremdherrschaft) Reaktion und Herrschaft der Fürsten
Revolution von 1848	preußisch-österreichischer Dualismus, Deutschland bleibt **Staatenbund;** Optionen: großdeutsch-kleindeutsch	Problem der gleichzeitigen Realisierung einer liberalen Verfassung und eines deutschen Nationalstaates Konservative Herrschaft der Fürsten bleibt bestehen
Kaiserreich 1870 – 1918 a) Einigung unter Bismarck (1864 – 1870/71)	Deutschland wird (kleindeutscher) **Nationalstaat,** Kaiserreich mit scheinkonstitutionellen Elementen	"Preußendeutschland" (Das Deutsche Reich unter der Vorherrschaft Preußens)
b) Wilhelm II. 1888 – 1918	autoritärer **Obrigkeitsstaat**	aggressiver, militanter Nationalismus (Chauvinismus) **Imperialismus**

Niederlage im Ersten Weltkrieg

Weimarer Republik 1919 – 1933	Deutschland wird **Republik**, Versailler Vertrag: geringe Gebietsabtretungen („Polnischer Korridor")	von „außen" initiierte erste Demokratie auf deutschem Boden, etabliert durch die siegreichen Alliierten
„Drittes Reich" 1933 – 1945	totalitärer **Führerstaat** „**Groß**deutschland"	aggressive, nationalistisch und rassistisch motivierte Expansion nach Osteuropa, Weltherrschaftsanspruch, Holocaust

Völlige Niederlage im Zweiten Weltkrieg

BRD – DDR 1949 – 1989/90	BRD: demokratisch legitimierter Rechtstaat, **Bundesstaat** (Bundestag) mit starker Stellung der Länder (Bundesrat) Mehrparteiensystem	In der BRD Anlehnung an den Westen, soziale Marktwirtschaft, Rechtsstaat, Meinungspluralismus
	DDR: sozialistischer Staat, Volkskammer und Landtage; Dominanz der SED und ihrer Massenorganisationen	In der DDR Anlehnung an die Sowjetunion, begrenzte Meinungsfreiheit und Freizügigkeit

Wiedervereinigung

Bundesrepublik Deutschland seit 1990	**Bundesstaat** Übertragung der bundesdeutschen Staatsform auf die sechs neuen Bundesländer der ehemaligen DDR	Sozialstaat, Rechtstaat, Demokratie, freiheitlich-demokratische Grundordnung

G Methodik

1. Arbeit mit schriftlichen Quellen

Grundsätzliches

Quellenlektüre ist nur **kritisch fragend** sinnvoll.

Who	Autor
says **what**	Inhalt
in which **channel**	Form, Sprache
with what **effect?**	beabsichtigte Wirkung

Empfohlene Vorgehensweise

1. Textgattung (Quellenangabe!):
Urkunde, Inschrift, Brief, Rede, Flugblatt, Darstellung?

2. Form des Textes:
Thema/Überschrift des Textes; Ganztext oder Auszug; Begriffe, Namen, Bezeichnungen, Fachausdrücke.
Die Form der Quelle gibt Hinweise auf: Absicht, Anlass und Glaubwürdigkeit: Tagebuch, persönlicher Brief, öffentliche Rede, Festrede, Wahlrede, Abhandlung, Appell, Flugblatt, Werbung, Bericht, Urkunde…

3. Fragestellung:
Die Quelle wird unter einem bestimmten Gesichtspunkt befragt (→ Beispiel).

4. Informationen:
Die Quelle kann enthalten: Hinweise auf Verfasser, Beruf, Amt, Zeit, Art der Niederschrift (Augenzeuge, Hörensagen, Überlieferung…).

5. Zweck:

Jede Quelle ist zweckbestimmt, meist parteiisch, gibt nur einen Aspekt, eine Meinung wieder. Eine quellenkritische Frage (s. o.) sollte an jede Quelle gestellt werden (Parteizugehörigkeit, Interessen, Taktik, soziale Zugehörigkeit des Verfassers, Zweck des Textes).

6. Zeitumstände:

Eine Quelle ist beeinflusst von: Zeit/Situation; Einstellung des Verfassers; Beziehung des Verfassers zum Adressaten.

7. Bestandsaufnahme:

Welche Argumente liefert die Quelle, welches ist inhaltlich das Wichtigste?

8. Hilfestellung:

Unterstreichen (immer mit Schreibgerät lesen!), zusammenfassende Randklammern, Abschnitte mit Überschriften versehen, wichtige Begriffe herausschreiben.

9. Umstrukturierung:

Anfertigen eines Schemas, einer Tabelle, einer Graphik…

(Nicht alle Elemente der Anleitung sind in jeder Quelle vollständig zu finden!)

Beispiel

Brief Metternichs an den badischen Gesandten am österreichischen Hof über die deutsche Politik vom 4. Mai 1820 (→ Kapitel B 3)

1 „Die Zeit rückt unter Stürmen vorwärts: ihren Ungestüm aufhalten zu wollen, würde vergebliches Bemühen sein. [...] Das
5 Ziel ist leicht zu bestimmen; in unseren Zeiten ist es nicht mehr und nicht weniger als die Aufrechterhaltung dessen, was vorhanden ist. [...] Das Übel war
10 vor dem *Kongreß zu Karlsbad* zu einem solchen Grade gediehen, daß es nur einer unbedeutenden, politischen Verwicklung bedurft hätte, um die gesell-
15 schaftliche Ordnung völlig umzustürzen. Die Weisheit des *Systems, welches die großen Mächte annahmen*, hat uns vor dieser Gefahr geschützt, die selbst
20 noch im gegenwärtigen Augenblick tödlich sein könnte. [...]
In den gegenwärtigen Zeiten ist der Übergang vom Alten zum Neuen mit ebensoviel Gefahr
25 verbunden als die Rückkehr vom Neuen zu dem, was nicht mehr vorhanden ist. Beides kann gleichmäßig den Ausbruch von Unruhen herbeiführen. Auf kei-
30 ne Weise von der bestehenden Ordnung, welchen Ursprungs sie auch sei, abzuweichen, Veränderungen, wenn sie durchaus nötig erscheinen, nur mit völli-
35 ger Freiheit und nach reiflich überlegtem Entschluß vorzunehmen; dies ist die erste Pflicht einer Regierung, die dem *Unglück des Jahrhunderts* wider-
40 stehen will."

(Aus Metternich-Winneberg, R. Fürst [Hrsg.], Aus Metternichs nachgelassenen Papieren, 2. Teil 1816 – 1848, Bd. 1, S. 372 – 377)

1. Verwandeln Sie die **Überschrift** in eine Frage!

Wie äußert sich Metternich über die deutsche Politik im Jahre 1820?

2. Lesen Sie den **ersten Satz** und verwandeln Sie ihn in eine Frage. (Er gibt meist den im Abschnitt enthaltenen Gegenstand an.)

Welchen Charakter hat die Zeit, in der Metternich seine Äußerungen formuliert?

3. Lesen Sie den **letzten Satz**. (Er gibt meistens die Zusammenfassung des Abschnitts.)

Die erste Pflicht einer Regierung (in Metternichs Zeit) ist es, um keinen Preis von der bestehenden Ordnung abzuweichen, um dem „Unglück des Jahrhunderts" zu widerstehen.

4. Lesen Sie jetzt den **gesamten Abschnitt** als Antwort auf die Fragen 1 und 2.

5. Beantworten Sie am **Ende des Abschnitts** noch einmal die aus der Überschrift oder dem ersten Satz gewonnene Frage in eigenen Worten.

Die Zeit vor den Karlsbader Beschlüssen hat sich so übel entwickelt, dass nur ein kleiner Anstoß genügt hätte, um die bestehende Ordnung zu stürzen. Dass dies nicht geschah, ist dem System der alten Mächte zu verdanken. Deshalb muss darauf gedrungen werden, dass die Regierungen der alten Mächte alles tun, um die (noch) bestehende Ordnung aufrechtzuerhalten.

6. Schreiben Sie die **wichtigsten Begriffe** heraus und erläutern Sie diese.

Kongress zu Karlsbad: → Sachinformationen
System der großen Mächte: = Heilige Allianz (→ Sachinformationen)
Unglück des Jahrhunderts: (aus der Sicht Metternichs) die Französische Revolution

7. Erläutern Sie den **Schlusssatz** des Abschnitts (Zusammenfassung, Ergebnis).

Wenn das größte Unglück des Jahrhunderts die Revolution ist, so ist es Pflicht der Regierungen, die sich in der Heiligen Allianz zusammengeschlossen haben, die alte Ordnung aufrechtzuerhalten, was mithilfe der Karlsbader Beschlüsse geschehen soll. Sollten Veränderungen dennoch notwendig sein, so sind diese „von oben", d. h. kontrolliert durch diese Regierungen, nach reiflicher Überlegung durchzuführen.

8. Ordnen Sie den Inhalt in ein **Zeitgefüge** ein (Jahreszahl, Dauer).

Aufgrund der Jahreszahl, 1820, und der Quellenangabe lässt sich sehr deutlich die Zeit der Reaktion ausmachen, die durch die politische Tätigkeit und Auffassung v. a. Metternichs geprägt worden war und sich bis zur Revolution von 1848 hinzog. (→ Vormärz)

2. Arbeit mit Karikaturen

Grundsätzliches

Die Karikatur aus vergangener Zeit hat einen anderen Charakter als Gemälde, Zeichnungen, Fotos, die nach den Ereignissen entstanden sind. Die Karikatur enthält immer ein deutliches Urteil, eine Stellungnahme, eine Forderung. Sie bedient sich dazu der *Übertreibung*, der *Symbolik* und der *Verfremdung*.

Das Vorgehen bei der Betrachtung einer Karikatur gleicht **a)** dem der Bildbeschreibung und sollte sich **b)** an gewissen Leitfragen orientieren:

a)
- genaue Betrachtung der Darstellung
- Beschreibung aller Einzelheiten

b)
- Entstehungszeit und -ort?
- Veröffentlichung in welchem Medium?
- An wen gerichtet?
- Was ist über den Künstler bekannt?
- Auf welches Ereignis, welchen Sachverhalt, welche Personen bezieht sich das Dargestellte?
- Was weicht von der „Wirklichkeit" ab? (Übertreibungen, irreale Darstellung)
- Welche Symbole werden verwandt, was soll mit ihnen ausgedrückt werden?
- Was wissen wir aus anderen Quellen darüber?
- Welche Position bezieht der Künstler?
- Was wollte die Karikatur bei wem auslösen, was löst sie beim heutigen Betrachter aus?
- Welche Informationen aus dem Umfeld brauchen wir, um zu einer begründeten eigenen Meinung zu kommen?

Beispiel

Deutschland und die Kolonialpolitik[1]

Angra
Pequena ▶

Ohne Titel   Kladderadatsch, 1884

---

[1] Nach „Epochenkarikaturen" zur deutschen Geschichte.
    In: Geschichte lernen, Heft 18/1990, S. 22 ff

Entstehungszeit und -ort?	1884; Ort unbekannt
Veröffentlichung in welchem Medium?	Im „Kladderadatsch", einem von 1848 bis 1944 in Berlin erschienenen politisch-satirischen Witzblatt mit nationaler Einstellung.
An wen gerichtet?	An Kolonialgegner bzw. an Menschen, die den Kolonien eher gleichgültig gegenüberstehen oder andere politische Prioritäten setzen.
Was ist über den Künstler bekannt?	Es lässt sich zwar ein Name identifizieren „E. Spott", was jedoch wohl ein Pseudonym war.
Auf welches Ereignis, welchen Sachverhalt, welche Person bezieht sich das Dargestellte?	Der Zeichner stellt die kolonialen Erwerbungen der imperialistischen Staaten rund um den Erdball dar, an denen sich das Deutsche Reich bis dahin nicht beteiligt hat. Der Zeichner weist auf Tagesaktualitäten hin, worauf die beiden Ortsnamen „Merv" und „Angra Pequena" hindeuten. Im März 1884 wurde Merv von Russland besetzt, was die englisch-russischen Spannungen verschärfte (Bedrohung Indiens). Angra Pequena, der alte Name für Lüderitz, wurde 1884 den Eingeborenen abgeschwindelt und deutsche Kolonie. Nur sehr widerwillig war Bismarck bereit, militärische Präsenz dem Handel nachfolgen zu lassen. Er scheint gar nicht die imperialistischen Hände wahrzunehmen, die nach Teilen der Welt greifen (Franzosen: Nord- und Westafrika; Engländer: Indien bis zur arabischen

Halbinsel; Holländer: Indonesien; Japan: China; Russland: Afghanistan).

Was weicht von der „Wirklichkeit" ab (Übertreibung, irreale Darstellung)?

Bismarck scheint so in seine Sozialreformen vertieft zu sein, dass sich unterhalb seines Pfeifenrauchs der imperialistische Wettlauf unbemerkt abspielen kann. Dies ist nur begrenzt richtig. Bismarck entwickelte tatsächlich in den Jahren 1883 – 1889 seine Sozialgesetzgebung.
Verkürzt dargestellt wird allerdings, dass Bismarcks Ziele in Richtung Sicherung des Deutschen Reiches gingen („Meine Karte von Afrika liegt in Europa") und dass 1884 tatsächlich der Eintritt des Deutschen Reiches in die Kolonialpolitik vollzogen wurde.

Welche Symbole werden verwandt, was soll mit ihnen ausgedrückt werden?

Plumot (Kissen) und Hausrock = Idylle, Rückzug von der Wirklichkeit, Pfeife = Gemütlichkeit, Entspannung, vernebelt die Realität und das, was sich unterhalb der Qualmwolke heimlich abspielt, Weltkugel = weltumspannende Tätigkeit des Imperialismus

Was wissen wir aus anderen Quellen darüber?

siehe einschlägige Quellensammlungen

Welche Position bezieht der Künstler?

Er kritisiert die Passivität Bismarcks im imperialistischen Wettlauf.

a) Was sollte die Karikatur bei wem auslösen,

a) Die Zeichnung vertritt den Standpunkt der 1882 und 1884 gegründeten deutschen Kolonialvereine. Sie stellt Sozialreform und Kolonialerwerb gegenüber und soll einen einseitig auf die Lösung der Sozialen Frage fixierten Bismarck kritisch darstellen. Gleichzeitig wird gefordert, dass sich Deutschland bei der Aufteilung der Welt beteiligt.

b) was löst sie beim heutigen Betrachter aus?

b) Dem heutigen Betrachter erscheint die Haltung Bismarcks, durch die Kenntnis von zwei aus imperialistischen Ursachen entfachten Weltkriegen, als eher überzeugend und besonnen.

Welche Informationen aus dem weiteren Umfeld brauchen wir, um zu einer begründeten eigenen Meinung zu kommen?

• Welche Kolonien wurden von Deutschland wann und wo erobert?
• Welche Haltung, welche Äußerungen Bismarcks zur Kolonialfrage sind bekannt?

3. Arbeit mit historischen Karten

Grundsätzliches

Karten sind Abbilder, wie der Raum **politisch, ökonomisch, demografisch** und **kulturell** genutzt wurde. Der Lesbarkeit halber müssen die Informationen der Karte strukturiert werden. Hierzu bietet sich ein methodischer Dreischritt an, der als Ausgangspunkt zu weiterer differenzierter Arbeit dienen kann.

I. Welches Thema behandelt die Karte? **Auf welchen Zeitraum bezieht sie sich?** **Wo liegt der inhaltliche Schwerpunkt?**		
Hierzu bieten Überschrift oder Legende erste Anhaltspunkte.	z. B.: Politische Übersichtskarte:	territoriale Grenzen im Wandel
	z. B.: Spezialkarte:	Sozial-, Kultur-, Wirtschaftsgeschichte

II. Welche allgemeinen Informationen, welche Einzelheiten beinhaltet die Karte?		
Die einzelnen Aspekte des Karteninhalts lassen sich wiederum der Legende entnehmen.	z. B.: komplexe Karte	In ihr sind meist mehrere Themen übereinandergeschichtet. Hier bietet sich die Auswertung der einzelnen Aspekte in **Tabellenform** an. Danach ist die Frage nach den Zusammenhängen der verschiedenen Ebenen zu stellen.
	z. B.: statische Karte	Diese Kartenart greift nur einen **Zeitpunkt/Zeitabschnitt** auf (→ Karte zum *Wiener Kongress*), dabei könnte ein Vergleich mit einer zeitlich späteren/früheren Karte stattfinden.

| z. B.: dynamische Karte | Diese Darstellungsart ist häufig mit **Pfeilen/Diagrammen** versehen und beschreibt Entwicklungen (z. B. Karte über die Eroberungszüge Napoleons). |

III. Ergänzung

Kartendarstellungen sollten zum Abschluss der Auswertung durch Quellen, Abbildungen oder Darstellungen ergänzt werden, um sie in das historische Geschehen besser einordnen und die eigenen Aussagen verifizieren zu können.

Am Beispiel der Karte zur „Deutschen Frage" soll dieser Weg nachvollziehbar gemacht werden.

Deutschland seit 1871

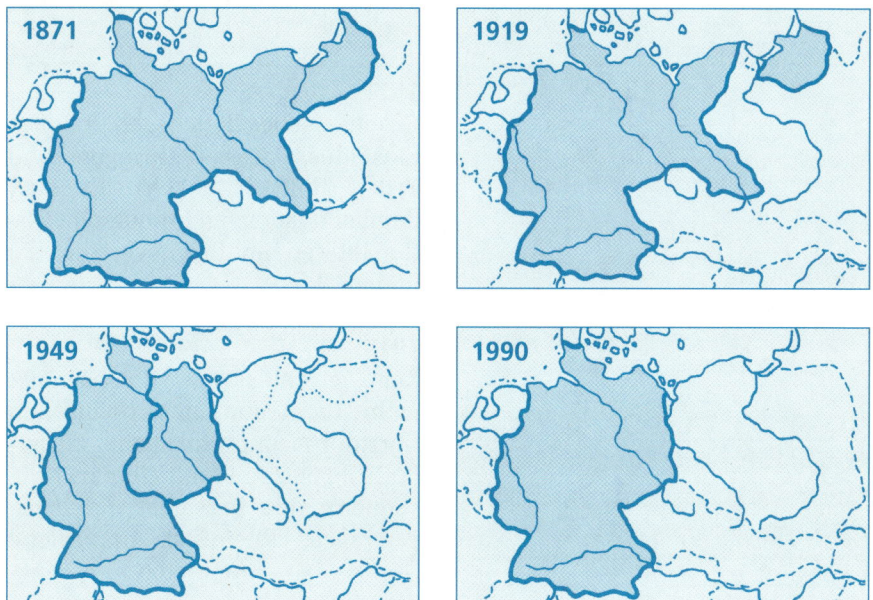

Karten aus: Europäische Zusammenschlüsse.
In: Deutschland und Europa, H. 29. (Hrsg.) Landeszentrale für politische Bildung, Stuttgart 1994

I. Welches Thema behandelt die Karte? Auf welchen Zeitraum bezieht sie sich? Wo liegt der inhaltliche Schwerpunkt?

Die Grenzen **Deutschlands** von der **Reichsgründung 1871 bis zur Wiedervereinigung 1990**.
Es sind politische Übersichtskarten, die den Wandel der **territorialen Grenzen** verzeichnen. Inhaltlicher Schwerpunkt ist die jeweilige **Ausdehnung** Deutschlands.

II. Welche allgemeinen Informationen, welche Einzelheiten beinhaltet die Karte?

Die vorliegende Abbildung ist zum einen eine **statische Karte**, da sie den Zustand Deutschlands zu verschiedenen Zeitpunkten wiedergibt. Gleichzeitig hat sie jedoch auch einen **dynamischen Aspekt**, da sie eine Entwicklung nachzeichnet bzw. einen Vergleich nahelegt. Hierbei bietet sich die Erstellung einer **Tabelle** an, die nach den Kriterien „Gebietsverluste" bzw. „Gebietszugewinne" angelegt werden sollte.

1871
Geschlossenes Reichsgebiet unter Einschluss Elsass-Lothringens und Teilen Polens (Posen). Es sind demnach auch nichtdeutsche Nationalitäten im Reichsverband zu finden.

1919
Kein geschlossenes Reichsgebiet mehr; Entstehung des „polnischen Korridors" und Rückgabe Elsass-Lothringens an Frankreich als Konsequenz des Versailler Friedensvertrages; Rhein als natürliche Grenze zu Frankreich im Südwesten.

1949
Teilung Deutschlands; Gründung zweier deutscher Staaten; Verlust der deutschen Ostgebiete an Polen und die UdSSR (Schlesien, Pommern, Ostpreußen)

1990
Wiedervereinigung in den Grenzen der BRD und DDR.

III. Ergänzung

Es sollte immer ein **Geschichtsatlas** verwendet werden, um die Gebiete und Grenzziehungen topographisch ordnen zu können.

Darstellungen im Geschichtsbuch über Ursachen der territorialen Veränderung, evtl. auch über die Folgen.

Als Ausblick könnte über die Frage nachgedacht werden, ob Deutschland nun die „richtige" Größe hat:

1 *„Deutschland, bemerkte Mitterrand, habe in der Geschichte noch nie seine wahren Grenzen gefunden, denn die Deutschen*
5 *seien ein Volk, das ständig in Bewegung und im Wandel sei. Daraufhin holte ich aus meiner Handtasche eine Landkarte, auf der Deutschland in seinen viel-*
10 *fältigen Konfigurationen abgebildet war. Diese Veränderungen waren im Hinblick auf die Zukunft nicht sonderlich beruhigend."*[1]

---

[1] Margret Thatcher, Downing Street Nr. 10, zit. nach: Der Spiegel Nr. 42/1993, S. 165

H Musterlösungen zu den Arbeitsaufträgen

A Die Französische Revolution und ihre Auswirkung auf Deutschland

2. Napoleon und die Neuordnung Deutschlands

1.
Überwältigender Einfluss Napoleons auf das Entstehen eines modernen Deutschland
Als Grundprinzipien des modernen Deutschland sind die Strömungen zu bezeichnen, die, ausgehend von der Französischen Revolution, mit den Truppen Napoleons nach Deutschland gelangt sind. Es sind dies der Liberalismus und der Begriff der Nation.
Der Umsturz der alten Ordnung bezieht sich auf die Niederlage Preußens und Österreichs in den napoleonischen Eroberungsfeldzügen und in den Regelungen des Reichsdeputationshauptschlusses und später des Wiener Kongresses, vor allem in der Auflösung des Heiligen Römischen Reiches Deutscher Nation.

2.
Die ersten anderthalb Jahrzehnte reichen von etwa 1800 bis 1815, also bis zum Wiener Kongress.
Es lassen sich sowohl direkte als auch indirekte Veränderungen ausmachen:
a) direkte Veränderungen
Säkularisation und Mediatisierung („Flurbereinigung" Deutschlands, Schaffung neuer Mittelstaaten); Einführung des Code Civil (= Rechtssicherheit als Voraussetzung für die künftige wirtschaftliche Entwicklung)
b) indirekte Veränderungen
Entstehung liberaler Strömungen in Deutschland, Geburt eines deutschen Nationalgefühls, Auslöser für die preußischen Reformen, erste Schritte in Richtung eines modernen Staates

B Zeitalter der Restauration und Revolution 1815 – 1850

2. Wiener Kongress und Deutscher Bund 1814/15

1.

Die Schaffung einer deutschen Nation und die Ausformung dieser Nation durch eine ständische Verfassung, d. h. durch eine Teilhabe des Volkes an der Macht (Forderungen des Liberalismus: Einheit und Freiheit)

2.

Görres schreibt unter dem Eindruck der Niederlage Napoleons und angesichts des Pariser Friedens, der diese Niederlage besiegelte. Den Begriff „Nation" verwendet er in einem doppelten Sinne: einmal harrt Deutschland nun auf die Belohnung für den historischen Sieg, es wartet auf eine geeinte Nation. Zum anderen ist gerade die Besinnung auf die deutsche Nation der Schlüssel für den siegreichen Abwehrkampf gegen die napoleonischen Truppen. Das gemeinsame Sehnen nach der Nation hat schließlich alle Deutschen im Kampfe geeint. Damit aber dieser „öffentliche Geist" (sich mit der Nation zu identifizieren) wirksam bleibt, muss ihm nun auch eine Verfassung gewährt werden.

3.

geopolitische Veränderungen:
*   Österreich „wächst" aus Deutschland heraus (Interessen außer in Deutschland auch in Ungarn und vor allem auf dem *Balkan*)
*   Preußen „wächst" nach Deutschland hinein, eine Vereinigung der beiden getrennten Landesteile im Westen und Osten ist Bestandteil preußischer „Deutschlandpolitik"
*   sowohl Preußen als auch Österreich besitzen Landesteile, die nicht zum Deutschen Bund gehören
*   Entstehung des preußisch-österreichischen *Dualismus* um die Hegemonie in Mitteleuropa
*   Wiederherstellung des Mächtegleichgewichts in Europa („Balance of power" oder „Pentarchie")
*   Staatenbund statt Bundesstaat
*   fremde Mächte bilden Personalunionen mit deutschen Staaten (Großbritannien – Hannover; Niederlande – Luxemburg; Dänemark – Holstein)

Von einer Nation, wie Görres sie fordert, kann nicht gesprochen werden, da es bis jetzt nur einen losen Staatenbund souveräner Fürsten gibt.

4.

NATION =

Görres	Heilige Allianz
Nation als einigendes Band: Motivation gegen den gemeinsamen Feind zu ziehen; Nation: Ausgangspunkt für verfasste Freiheit Nation und Freiheit bedingen sich gegenseitig	religiös definiert, abgehoben vom weltlichen Begriff; Souveränität nicht beim Menschen (bei der Nation), sondern bei Gott Legitimation der Herrscher durch Gott, daraus folgt, die Nation wird durch die Person des Herrschers verkörpert

5.

Französische Revolution	Heilige Allianz
• nur demokratisch legitimierte Herrschaft ist akzeptabel • individuelle Selbstbestimmung als Ergebnis der Aufklärung • Grundrechte, Volkssouveränität als Basis der Demokratie • Partizipation als Instrument der Volkssouveränität	• Patriarchat – Gottesgnadentum • Fremdbestimmung des Individuums • Autorität ohne demokratische Legitimation • „gottgewollte" Ordnung legitimiert die Unterordnung und damit den Ständestaat
LIBERALISMUS	RESTAURATION

3. Reaktion und nationale Opposition 1815 – 1848

1.

In den Jahren unmittelbar nach dem Wiener Kongress formierte sich vehementer Widerstand gegen die Fürstenmacht und äußerte sich in verschiedenen „revolutionären" Aktionen: die Deutschen Burschenschaften wurden gegründet (1815), das Wartburgfest wurde begangen (1817), schließlich rief die Ermordung Kotzebues die scharfe Reaktion der etablierten Obrigkeit hervor. Metternich nahm diese Ereignisse zum Anlass, die Karlsbader Beschlüsse (1819) für den gesamten Deutschen Bund verbindlich zu erlassen. In seinem Brief rechtfertigt er seine politische Position und stellt den ideologischen Hintergrund seines Denkens dar.

2.

Metternich bezieht sich mit dem „System, welches die großen Mächte annahmen" auf die Prinzipien der Heiligen Allianz. Die Gefahren beim „Übergang vom Alten zum Neuen" lassen sich nur dadurch bannen, dass die gegenwärtigen (**restaurativen**) Regierungen dem „Unglück des Jahrhunderts", der(n) Französischen Revolution(en) widerstehen müssen, da sie der rechtmäßige (legitime) Ordnungsfaktor sind. Hierbei wird sein Revolutionsbegriff deutlich: Revolution ist der Ausgangspunkt allen Übels, das zur Zeit gegen das bewährte dynastische Gottesgnadentum anzurennen und die „gesellschaftliche (ständische) Ordnung" umzustürzen versucht. Metternich sieht demnach als Mittel gegen das „Unglück des Jahrhunderts" die Rückkehr zur vorrevolutionären **Legitimation**.

3.

Die daraus erwachsende praktische Politik ist an den repressiven Verfolgungsmaßnahmen gegenüber dem jungen deutschen Liberalismus abzulesen, wie sie in den Karlsbader Beschlüssen formuliert waren:
- Überwachung der Universitäten, Verbot der Burschenschaften
- Pressezensur, polizeiliche Untersuchungsbehörde
- gesetzliche Möglichkeit für das Eingreifen des Bundes bei Unruhen in den Einzelstaaten

4.

Die Deutsche Frage war zu diesem Zeitpunkt nach wie vor unentschieden. Deutschland bestand lediglich aus einem locker gefügten Staatenbund, wobei die Souveränität nach wie vor nicht beim Bund, sondern bei den einzelnen Fürsten und Landesherren lag. Darüber hinaus gab es sowohl nichtdeutsche Gebiete innerhalb des Deutschen Bundes als auch deutsche Gebiete außerhalb des Deutschen Bundes. Die Forderung der Liberalen nach einer geeinten deutschen Nation mit einer verfassungsmäßigen Ordnung war mit dieser Konstruktion nach wie vor nicht erfüllt worden.

5. Ursachen der Revolution

1.

TEXT 1: Position der Stärke
Hier bezieht Friedrich Wilhelm IV. seine Position aus dem „bewährten" Gottesgnadentum. Er sieht sich als Werkzeug Gottes. Sein Verhältnis zu den Untertanen ist ein „natürliches", so wie zwischen Vater und Kindern. Es bedarf keinerlei schriftlicher Übereinkunft im Verhältnis zwischen

Gott, König und Volk. Dieses Verhältnis ist die Basis preußischer Größe: einmal durch das „Schwert nach außen", mit dem Preußen die Niederringung des Emporkömmlings Napoleon gelang, zum anderen durch das „Schwert nach innen", die erfolgreichen preußischen Reformen. Diese Reformen waren letztlich ein durch königliche Weitsicht veranlasster Akt aus eigener Machtvollkommenheit, d. h., der Herrscher entscheidet, was für sein Volk jeweils gut ist und die Basis zwischen beiden muss deshalb das Vertrauen in den König sein, der seine Legitimation letztendlich von Gott, der höchsten Instanz, bezogen hat.

TEXT 2: Position der Schwäche
Im zweiten Text vollzieht Friedrich Wilhelm IV. aufgrund der Erfolge der Aufständischen eine vollständige Kehrtwendung. Seine Adressaten sind seine preußischen Untertanen, die zu Landsleuten geworden sind und in der deutschen Nation aufgehen sollen. Der König stellt sich unter eine größere Idee, die Idee eines geeinten Deutschen Reiches. Im Gegensatz zur ersten Äußerung ist es jetzt gerade die Einführung einer Verfassung, die den inneren Zusammenhang der neuen Nation zu sichern hat.

2.
Erhebungen in Berlin (Preußen) und Wien (Österreich-Ungarn) und die Tatsache, dass es mit den Märzforderungen und der Wahl zum Vorparlament erstmals eine geglückte gesamtdeutsche Initiative gab, hatten Friedrich Wilhelm IV. bewogen, auf die Linie einer deutschen Nation einzuschwenken. Letztendlich gaben die Heftigkeit der Barrikadenkämpfe und die Einsicht, dass es sich bei dieser Erhebung nicht um ein Strohfeuer handelte, den Ausschlag für sein Einlenken.

3.
- **Auslöser**: Erhebungen in Paris von 1848
- Politische **Repressionen** des Systems Metternich
- Entstehung einer politischen **öffentlichen Meinung** (politische Publizistik des Jungen Deutschland)
- Ein verändertes politisches **Bewusstsein**
- Vorindustrieller **Pauperismus**
- **Hungerkrisen**: Erst durch diese Krisen wurden die Massen für revolutionäre Ideen empfänglich. Die Furcht vor einer sozialen Revolution ließ die Herrscher liberale Zugeständnisse machen.
- **Bauern**: Ihnen erwuchsen Probleme aus den Folgen der Agrarreformen, da die Ablösesummen für Güter und Dienste nicht erbracht werden konnten. Viele sanken zu Landarbeitern herab und blieben weiterhin unter der Herrschaft der Gutsbesitzer.

- **Arbeiter** gab es im modernen Sinne nur wenige. Als Arbeiter galten alle Unselbständigen wie Tagelöhner, Handwerksgesellen, Heimarbeiter und Bedienstete. Die meisten von ihnen empfanden sich als Opfer der wirtschaftlichen und sozialen Entwicklung und stellten v. a. bei den Straßenkämpfen die zuverlässigsten Parteigänger der Revolution dar.
- **Bürgertum**: Es sah sich in seinen Forderungen nach Einheit, Freiheit, Verfassung durch die Einrichtung liberaler Märzministerien nicht zufrieden gestellt.

6. Die Arbeit der Nationalversammlung in der Paulskirche

1.
Die einzelnen Textteile in ihrer Bedeutung:
a) *Einheitsphrasen*:
Frage der nationalen Einheit;
Trennungsgelüste: Konflikt um klein- bzw. großdeutsche Lösung;
kühler Wind: z. B. Gründung der konservativen „Kreuzzeitung";
Zwietracht: Uneinigkeit zwischen den unterschiedlichen politischen („Partei"-)Gruppierungen;
Es hallt der Saal ...: langwierige Debatten und Diskussionen verzögern den revolutionären Impetus;
Volksvertreter ... was haben wir fürs arme Volk getan?: Problem der Nicht-Repräsentation der unteren Schichten, ungeklärte soziale Frage.
b) *durch geistige Leistung hervorragende Männer*:
Hinweis auf die Grundrechtedebatte und die Erarbeitung einer Verfassung, aber auch Hinweis auf die einseitige Zusammensetzung der Paulskirche als „Honoratiorenparlament"
c) Hinweis auf den eher gemäßigten Verlauf der Revolution, die laut Engels deshalb keine radikale Änderung der Verhältnisse brachte, weil die Angst vor dem eventuellen Radikalismus einer *Volksbewegung* beim Honoratioren-Parlament (*Versammlung alter Weiber*) überwog.

So ergab sich die nahezu unlösbare Aufgabe für die Paulskirche, mehrere Probleme gleichzeitig anzugehen, die z. B. in Frankreich nacheinander gelöst werden konnten. Einmal war das künftige Staatsgebiet nicht fest umrissen, zum anderen sollte eine gemeinsame Verfassung für diesen neuen Staat erarbeitet werden. Ungelöst waren weiterhin die Probleme des Wahlrechts, einer Zentralgewalt und letztlich der aufkommenden sozialen Frage.

2.

a) (linksliberale Position)
Ironisierende Wertung einer Revolution, die dem Verfasser des Gedichtes nicht weit genug geht. Er ergreift Partei für diejenigen Teile der Bevölkerung, denen eine Änderung der politischen und damit auch ökonomischen Verhältnisse am wichtigsten gewesen wäre, den unteren, durch Hungerkrisen und die beginnende Industrialisierung am meisten betroffenen Schichten.

b) Heuss (FDP) wertet die Revolution als eines (der wenigen) Ereignisse der deutschen Geschichte, das als Bestandteil einer demokratischen Tradition reklamiert werden kann. Dies geschieht vor dem Hintergrund der zum Zeitpunkt der Rede noch jungen Demokratie der neuen Bundesrepublik Deutschland.

c) (Sozialistische Position)
Engels argumentiert von einer linksradikalen Position aus. Er vertritt die Position der *Volksmassen*, vor denen die Nationalversammlung mehr Angst zu haben scheint als vor den eigentlichen Gegnern, den reaktionären Fürsten.

7. Das Scheitern der Revolution

1.

Der *Deutsche Michel* noch in revolutionärer Kleidung (Anlehnung an die Tracht der französischen Sansculotten, Jakobinermütze = Hinweis auf die radikale Phase der Französischen Revolution), erbricht sich an den ursprünglich in den Märzforderungen erkämpften, letztendlich jedoch nicht eingelösten Forderungen der Nationalversammlung wie Volkssouveränität, Volksbewaffnung, Versammlungsfreiheit, Pressefreiheit.
Der Stock, dessen Knauf den deutschen (künftigen) Kaiser zeigt, ist zerbrochen, der Traum eines geeinten durch einen Kaiser repräsentierten deutschen Nationalstaats ist – wegen der Ablehnung der Kaiserkrone durch Friedrich Wilhelm IV. – gescheitert.
Der Wegweiser nach Berlin, der Hauptstadt Preußens, ist die einzige Stütze, die dem gebeutelten Michel noch bleibt, wie es auch bei den *freisinnigen Vaterlandsfreunden* angedeutet wird.

2.

Nur eine militärisch und politisch starke Hand kann, auch vor dem Hintergrund der europäischen Mächtekonstellation, eine Lösung der kontrovers diskutierten deutschen Frage bringen. Eine Zersplitterung der Kräfte wie in der Paulskirche darf es nicht mehr geben. Darüber hinaus ist die autoritäre Lösung das einzige Mittel gegen revolutionäre Erhebungen und gegen die außenpolitische Gefahr einer Schwächung Deutschlands.

Von Preußen wird erwartet, die Deutsche Frage zu lösen, da es über die angesprochene „Konzentrierung militärischer und politischer Gewalt" verfügt. Zwar wird die Zusammenarbeit „mit einem deutschen Parlament" gefordert, doch soll von einer der beiden großen Regierungen die Initiative ausgehen. Weiter fordert der Verfasser, dass die deutschen Teilstaaten bereit seien, einen Teil ihrer Befugnisse an eine „deutsche Bundesgewalt" abzugeben, bevor Russland oder Frankreich intervenieren sollte.

3.

Die Liberalen werden in einem solchen Deutschen Reich, wie es den Freisinnigen vorschwebt, nur eine Randposition einnehmen können. Wenn das Reich auf militärischer Stärke und der Vorherrschaft Preußens basieren soll, wird der Spielraum für die Liberalen zwangsläufig eingeengt werden.

4.

Folgende Gründe lassen sich für das Scheitern der Nationalversammlung anführen:

* zu weit gesteckte Ziele: gleichzeitige Verwirklichung eines Nationalstaats und Schaffung einer Verfassung,
* Stärke des Partikularismus der Fürsten und der Landesparlamente,
* Machtlosigkeit der Paulskirche, da ohne Exekutivorgane ausgestattet (s. Frieden von Malmö),
* fehlende revolutionäre Erfahrung und sich lang hinziehende Debatten ließen die Gegenrevolution erstarken,
* Fehleinschätzung gegenüber den Monarchen, wurde doch das Zurückweichen der Fürsten vor den Märzforderungen als Nachgiebigkeit angesehen,
* Uneinigkeit der revolutionären Kräfte und Revolutionsscheu im Bürgertum,
* Rivalität zwischen Österreich und Preußen,
* Ablehnung eines deutschen Nationalstaates durch die europäischen Großmächte.

C   Industrielle Revolution und Soziale Frage

2.   Industrielle Revolution

1.

ENGLAND begünstigt durch:	DEUTSCHLAND benachteiligt durch:
• die Standortbedingungen (durch Agrarrevolution freigesetztes Arbeitskräftepotential, Rohstoffvorkommen, Kapitalakkumulation durch Kolonialhandel) • die politisch-gesellschaftliche Situation (zunehmende bürgerliche Freiheiten, zunehmende soziale Durchlässigkeit, politische Stabilität), • technische Innovationen, • ein durch die Agrarrevolution begünstigtes hohes Bevölkerungswachstum, • den aufnahmefähigen Binnenmarkt mit seiner zunehmenden Nachfrage nach Massenkonsumgütern, • den Kolonialbesitz, der für die notwendige Kapitalbildung sorgte, später als zusätzlicher Absatzmarkt fungierte und Rohstoffe zur Verfügung stellte, • die verkehrsgünstige Insellage, verbunden mit der Seeherrschaft, • ergiebige Rohstoffvorkommen wie Kohle und Erz im eigenen Land, • die ausgebaute Infrastruktur mit einem vielfältigen Fluss- und Kanalsystem.	• Trotz napoleonischer „Flurbereinigung" bestand der Deutsche Bund noch immer aus einer Anzahl souveräner Staaten mit eigenen Zöllen, Maßen und Währungen, • territoriale, wirtschaftliche und politische Zersplitterung (ca. 1800 Zollschranken, Konglomerat kleiner und autarker Märkte), • kein einheitlicher Binnenmarkt, • geringe großräumige Infrastruktur, • fehlende Kolonien als Möglichkeit der Kapitalbildung und als Rohstofflieferanten, • weitgehend starre Ständegesellschaften mit geringer Durchlässigkeit, • kein produktivitäts- und gewinnorientiertes Unternehmertum, • hohe feudale Abgaben und Steuern und dadurch geringe Massenkaufkraft und Kapitalbildung, • weitgehende Gutsherrschaft als feudale Organisationsform der Landwirtschaft.

2.

Die Karikatur beschreibt die Verhältnisse im vorindustriellen und klein-staatlichen Deutschland. Der Hinweis auf „Schaumburg-Lippe", einem der flächenmäßig kleinsten Mitglieder des Deutschen Bundes, soll verdeutli-chen, dass selbst kleine Länder ein eigenes Zollsystem besaßen. Bei der Reise eines Kaufmanns von Süd- nach Norddeutschland kann nachvollzo-gen werden, wie sehr sich die Ware durch die unterschiedlichen Zölle verteuern musste. Daneben verweist die Karikatur indirekt auf die Tat-sache, dass ein jedes Mitglied des Deutschen Bundes eigene Maß-, Ge-wichts- und Währungssysteme als Souveränitätsrechte reklamierte. Die hemmende Wirkung für eine Industralisierung ist unschwer abzulesen.

Absicht des Karikaturisten ist es, den Gedanken an eine zumindest wirt-schaftliche Einigung Deutschlands zu unterstützen. So entstand diese Zeichnung im Vorfeld der Entstehung des Deutschen Zollvereins.

3.

siehe Zusammenfassung

4. Soziale Frage

1.

Mit den durch die rasche Industrialisierung verursachten sozialen Verän-derungen, die ganze Bevölkerungsgruppen aus ihren jahrhundertealten Lebenskreisen herausrissen, entstand auch die Soziale Frage. Sie äußerte sich in der Diskrepanz zwischen wirtschaftlichem Aufschwung und kras-sen sozialen Missständen und führte zu Überlegungen und Initiativen, wie diesen Fehlentwicklungen am wirkungsvollsten begegnet werden könnte. Missstände der Industrialisierung waren:

- das Entstehen eines Industrieproletariats, dessen Hauptbetätigung in der Sicherung des Existenzminimums lag, das aufgrund des Arbeits-kräfteüberangebots und damit einhergehender Minimallöhne gefähr-det war, sodass Frauen- und Kinderarbeit zur Sicherung des Existenz-minimums der Familie notwendig war,
- Arbeits- und Lebensverhältnisse, die durch bis zu 14-stündige Arbeits-zeiten, mangelnde Sicherheitsmaßnahmen und Wohnungselend ge-kennzeichnet waren. Physische und psychische Schäden, Armut, feh-lende Ausbildung waren die Folgen. Unter diesen Bedingungen war die Lebenserwartung gering,
- immer wiederkehrende konjunkturelle Krisenerscheinungen ver-schärften die Not,

- der Verlust sozialer Bindungen und die Umstellung auf die veränderten Bedingungen der kapitalistischen Produktionsweise ohne soziale Absicherung.

2.

Krupp patriarchalische Unternehmer-persönlichkeit	versucht durch innerbetriebliche Maßnahmen, die Soziale Frage zu lindern, um einerseits den Arbeiter an das Unternehmen zu binden und um damit über einen Stamm guter ausgebildeter „zufriedener" Mitarbeiter verfügen zu können. Die Interessen von Unternehmer und Arbeitnehmer scheinen identisch zu sein, nämlich das Gedeihen des Unternehmens.
Social-Demokrat	Betriebsinterne Maßnahmen zur Lösung der Sozialen Frage verschleiern den Widerspruch zwischen Arbeit und Kapital und werden als Almosen abgetan. Was der Arbeiter will, ist sein ihm zustehendes Recht. Dieses Recht wird ihm nicht freiwillig gewährt, er muss darum kämpfen.

3.

Private betriebliche Sozialpolitik der Unternehmer	**Bürgerliche Wissenschaftler, sogenannte „Kathedersozialisten"**	**Gewerkschaften**
Betrieb als Lebensgemeinschaft, christliche Verantwortung gegenüber dem Arbeiter	Verbindung von Regierungs-, Gesellschafts- und Selbsthilfe	Selbsthilfe durch Solidarität, Verbesserung der Lohn- und Arbeitsbedingungen

Christliche Kirchen	**Staatl. Sozialpolitik (Bismarck u. später)**	**Arbeiterparteien (SPD)**
Caritas, Kolpingvereine, „Innere Mission"	Versicherungen gegen Invalidität, Unfall, Krankheit	Allgemeines Wahlrecht, Koalitionsrecht, Eroberung der Macht mit friedlichen Mitteln
Pflege des Glaubens, Friede zwischen Arbeitnehmer und Arbeitgeber	Versöhnung der Arbeiterschaft mit dem Staat; Schutz der Arbeiter als Rechtsanspruch	„Revolution mit dem Stimmzettel"

D Bismarck und das Deutsche Kaiserreich

2. Die Reichsgründung 1871

1.

a) Preußens Staatsgebiet besteht seit dem Wiener Kongress aus zwei unzusammenhängenden Teilen, den Stammlanden im Osten des Deutschen Bundes und den davon durch unabhängige Mittelstaaten getrennten Rheinlanden. Preußens Lage macht eine Politik notwendig, die eher in den Deutschen Bund hinein orientiert ist („Vereinigung" der beiden preußischen Landesteile).
Innerhalb Europas besitzt Preußen gemeinsame Grenzen mit dem historischen Gegner Frankreich im Westen. Im Osten findet sich der Nachbar Polen bzw. Russland, wobei zwischen Polen und Preußen nach wie vor Minderheitenprobleme bestehen.

b) Eine Vergrößerung Preußens bringt Österreich, den Konkurrenten um die Hegemonie im Deutschen Bund, auf den Plan. Darüber hinaus ergäben sich aus der Mittellage und territorialen Vergrößerung Preußens weitere potentielle Gefahren infolge der Gefährdung des europäischen Gleichgewichtes. Als schwerwiegendste Konsequenz könnte sich dabei durch die Koalition Frankreich – Russland eine Zweifrontensituation abzeichnen. Dieser gilt es entgegenzuwirken, wobei Bismarck auch vor einem Bündnis mit diesen beiden Mächten nicht zurückschrecken würde, nur um zu vermeiden, dass Österreich sich in diese Koalition einreiht.

2.

Die Rivalität zwischen Österreich und Preußen um die Führung im Deutschen Bund ist das Grundproblem Bismarckscher Einigungspolitik, das nach Bismarck letztlich mit Gewalt, d. h. durch Krieg, gelöst werden muss. Bismarck sieht als einzige Lösung der Deutschen Frage die schon in der Paulskirche diskutierte und durch den Zollverein wirtschaftlich vorgezeichnete kleindeutsche Lösung. Dabei gilt es, die Interessen der europäischen Mächte in die Überlegungen miteinzubeziehen und alle Anstrengungen zu unternehmen, um Preußen(-Deutschland) vor einer Zweifrontenauseinandersetzung zu bewahren:

- England ist stärker auf seine Kolonien als auf Europa konzentriert, legt aber Wert auf ein Kräftegleichgewicht.
- Russland ist seit dem Krimkrieg zurückhaltend, hat gegensätzliche Interessen zu Österreich auf dem Balkan und würde eine Schwächung des Konkurrenten begrüßen.

- Österreich wird aus dem Bund hinausgedrängt (Krieg).
- Frankreichs kompensatorische Absichten werden ebenfalls durch Krieg gebremst.

3.

Bismarcks Politik lief darauf hinaus, die deutsche Einigung durch die politische und militärische Macht des preußischen Staates, die sogenannte kleindeutsche Lösung, zu erzwingen. Er setzte auf die geo- und machtpolitischen Realitäten und sah dabei auch den Krieg als Fortführung der Politik mit anderen Mitteln als Möglichkeit. Ohne ideologische Bindungen betrieb er Realpolitik, eine rational kalkulierte Macht- und Interessenpolitik. Die deutsche Nationalstaatsidee wurde so zu einem Mittel preußischer Machterweiterung.

4. Die Reichsverfassung

1.

Die Reichsgründung war nach Fischer ein Akt der Verbindung zwischen „Obrigkeitsstaat" und des durch die Industrialisierung erstarkten „liberalen Bürgertums".
Die Reichsgründung nimmt eine „welthistorische Sonderstellung" ein, da das Deutsche Reich keine Gründung von „unten" her war, sondern ein durch die alten, einst auch von den Liberalen bekämpften Mächte initiiertes „Geschenk", das darüber hinaus auch noch „dankbar" angenommen wurde.
Die Reichsgründung war eine Mischung aus partikularistischen Elementen („Bund deutscher Fürsten und Städte"), aus dem monarchischen Prinzip (d. h. der überragenden Stellung des Kaisers), aus dem preußischen Führungsanspruch (Stellung der preußischen Krone und des preußischen Ministerpräsidenten als Reichskanzler, Dreiklassenwahlrecht), aus Einheitswünschen des Bürgertums und der Abwehr demokratischer und sozialer (sozialistischer) Vorstellungen (Abwehr der „hinaufdrängenden Elemente").

2.

- Die Präambel der Verfassung des Deutschen Reiches (→ Sachinformationen) betont den Stiftungscharakter des Reiches durch die Fürsten und schließt damit die Reichsgründung als Akt des Volkswillens aus.
- „Macht und Ansehen der preußischen Krone": Personalunion Kaiser/ preußischer König; besitzt alleinige Souveränität in der Außenpolitik; ernennt den nur ihm verantwortlichen Reichskanzler; er ist Ober-

befehlshaber der Armee, die dadurch parlamentarischer Kontrolle entzogen ist; Vetorecht bei Beschlüssen, Flotte, Heer und Zoll betreffend.

- Personalunion Reichskanzler/preußischer Ministerpräsident; allein dem Kaiser verantwortlich; Staatssekretäre (Minister) ihm untergebene Beamte; Regierung dem Parlament nicht verantwortlich; führt Vorsitz im von Preußen dominierten Bundesrat.
- Im Bundesrat verfügt Preußen über 17 von 58 Stimmen (Sperrminorität); Bundesrat nimmt zusammen mit dem Reichstag die Gesetzgebung wahr; kontrolliert die Regierung über Ausschüsse.
- Reichstag aufgrund des freien, gleichen, geheimen und unmittelbaren Wahlrechts durch männliche Bevölkerung gewählt (→ Sachinformationen), besitzt das Budgetrecht; keine Kompetenzen gegenüber der Exekutive; seine Rechtsbefugnisse entsprechen einem suspensiven (aufschiebenden) Veto.

3.
- Personalunion (s. o.) und Erblichkeit des Kaisertitels
- Dreiklassenwahlrecht (verstärkt das konservative Element im Bundesrat)
- Sperrminorität der 17 preußischen Stimmen im Bundesrat
- Wahlrecht begünstigt die eher konservativen ostelbischen, agrarisch geprägten Gebiete gegenüber den stärker industrialisierten und bevölkerungsreichen Gebieten im Westen des Reiches und in den Städten.

5. Wirtschaftliche und gesellschaftliche Entwicklung

1.
- Bismarcks bisherige Regierungspolitik würde Deutschland in den Abgrund geführt haben.
- Politik „mit Zuckerbrot und Peitsche" hat die SPD „unnötigerweise" begünstigt.
- Verschärfung konfessioneller Gegensätze.
- Interessenparteien beuten den Staat rücksichtslos für ihre Interessen aus (→ Schutzpolitik).
- Bismarck hetzte die politischen Parteien gegeneinander auf und diskriminierte Andersdenkende als nicht patriotisch.
- Das Parlament wurde von Bismarck für Abstimmungen ausgenutzt, sonst aber vernachlässigt.

2.

Im Gefolge der Großen Depression war seit 1873 deutlich geworden, dass der Staat auf Forderung der Arbeiterbewegung reagieren musste. Bismarcks Politik bestand in einer Kombination von Unterdrückung (Sozialistengesetze) und begrenztem Entgegenkommen (Sozialgesetzgebung). Die Bedeutung der Sozialpolitik liegt historisch gesehen in dem Versuch Bismarcks, den durch die Arbeiterbewegung ausgehenden Druck auf das Herrschafts- und Gesellschaftssystem des Kaiserreichs abzuleiten und dadurch die Identifikation der Arbeiterschaft mit dem Reich zu erreichen. In ihrer Folge setzt sich der Gedanke einer gesetzlich verordneten sozialen Absicherung durch. Die meisten Menschen erhielten statt der als herabwürdigend empfundenen Almosen der Sozialfürsorge einen Rechtsanspruch auf Versicherungsleistungen.

Bismarcks Motiv für den „Kulturkampf" lag in seinem Misstrauen gegenüber einem katholischen, „reichsfeindlichen" Sonderinteresse mit unberechenbaren Bindungen zum Ausland, zumal sich das *Zentrum* auch für die katholischen Polen im preußischen Osten einsetzte. Ein Parlament ohne das Zentrum schien auch einfacher zu lenken zu sein. Die Trennung von Kirche und Staat blieb als Ergebnis des „Kulturkampfs" bis heute bestehen.

3.

Bismarcks Politik war ein Regieren mit wechselnden Mehrheiten (→ Schutzzollpolitik), ein Ausspielen der verschiedenen Gruppen gegeneinander. Die Integration der Mehrheit wurde oft durch Diskriminierung von Minderheiten (→ Kulturkampf, Antisemitismus, Arbeiterbewegung) oder durch die Konfrontation von „staatstragenden" Gruppen mit „Reichsfeinden" oder „vaterlandslosen Gesellen" (Sozialdemokraten) er-kauft.

Bindeglied der Gesellschaft des Kaiserreichs war der Nationalismus, ein Nationalismus, der nach innen und außen immer aggressiver wurde. Noch zu Beginn des Jahrhunderts war der deutsche Nationalismus Kampf- und Sammlungsinstrument des Volkes gegen die Fremdherrschaft Napoleons und (zusammen mit der Forderung nach einer Verfassung) gegen die Fremdbestimmung im Inneren.

Gegen Ende des Jahrhunderts war der deutsche Nationalismus zu einem Ausgrenzungs- und Unterdrückungsinstrument in den Händen der Politik geworden und hatte damit seinen Charakter grundlegend verändert.

6. Bismarcks Bündnissystem

1.

Ausgangspunkt der außenpolitischen Überlegungen Bismarcks war der Erhalt des durch die Reichsgründung erzielten Status quo durch einen friedlichen Interessenausgleich. Damit setzte Bismarck auf die Fortführung des ausschließlich europazentrierten klassischen „Balance-of-power"-Systems der fünf Mächte Frankreich, Großbritannien, Österreich-Ungarn, Russland und Preußen.

Nach der durch die Reichsgründung erfolgten Kräfteverschiebung auf dem Kontinent ging es darum, Deutschland vor einem Zwei- oder gar Dreifrontenkrieg zu bewahren. Realpolitische Überlegungen Bismarcks zielten auf eine Isolation Frankreichs, das seit der Annexion Elsass-Lothringens auf Revanche sann.

Ein weiterer außenpolitischer Grundsatz war die Propagierung der Saturiertheit, d. h. der Selbstgenügsamkeit mit dem erreichten Status des Deutschen Reiches, die einen Ländererwerb und damit auch ein Streben nach Kolonien ausschloss. Letztendlich sollte eine Ablenkung europäischer Gegensätze an die kontinentale Peripherie (östliches Mittelmeer, Balkan) Europa die notwendige Stabilität verleihen.

2.

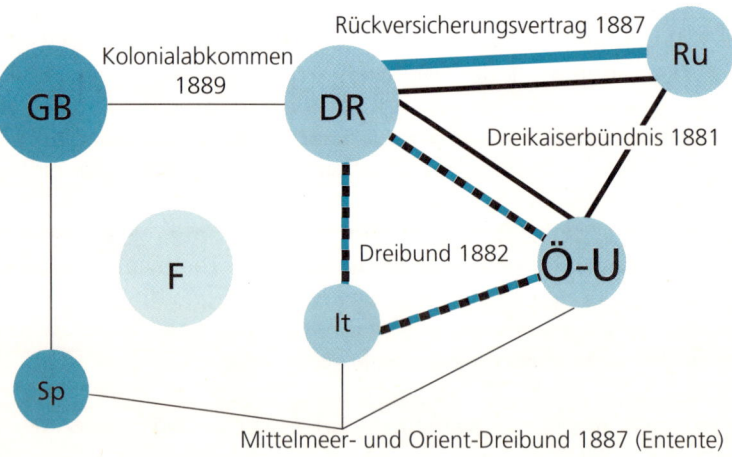

Stärken: Die Ausnutzung der Spannungen unter den Großmächten war auf Friedenssicherung hin konzipiert, war defensiv angelegt und wurde mit den Mitteln der Diplomatie betrieben.

Schwächen: Das labile Bündnissystem war zu stark auf die Person Bismarcks zugeschnitten, wobei sich gerade die Spannungen an der Peripherie als nicht kontrollierbar erweisen sollten. In diesem Zusammenhang muss der Widerspruch zwischen dem Mittelmeerabkommen, das von Bismarck gefördert worden war, und dem Rückversicherungsvertrag mit dem geheimen Zusatzprotokoll angeführt werden. In die bismarckschen Überlegungen war jedoch nicht eingeschlossen, dass sich durch den Kolonialismus außerhalb Europas eine neue politische Entwicklung abzeichnen würde: ein neu entstehender, diesmal weltweiter Krisenherd.

3.

Ab 1890, nach der Entlassung Bismarcks und der Übernahme des „persönlichen Regiments" durch Wilhelm II., erweist sich das auf Bismarck zugeschnittene System als hinfällig. Die lange vermiedene Zweifrontengefahr tritt ein. Das Scheitern einer englisch-deutschen Annäherung macht eine Kriegsgefahr immer wahrscheinlicher. Vor dem Ersten Weltkrieg stehen sich quasi zwei neu formierte Blöcke gegenüber, die Mittelmächte und die Ententemächte. Bismarcks Alptraum hat sich nun als Realität erwiesen.

E Das Deutsche Kaiserreich 1890 – 1914

2. Gesellschaft des Kaiserreichs

1.

„Prozesse":

- Wanderungsmobilität und neues generatives Verhalten (→ Stichwort „Verstädterung")
- Übergang von der ländlichen zur städtischen Bevölkerung
- Eindringen der Massen in die Politik (z. B. zunehmende Arbeiterschaft und ihre politische Vertretung, die SPD)
- Umbruch von der Agrar- zur Industriegesellschaft (Wirtschaftsboom Mitte der 90-er Jahre)

„Wandel":

- Erschütterung der individuellen Identität
- Verunsicherung in den Gewissheiten (vor dem Hereinbrechen einer modernen Industriegesellschaft)

2.

Anti-Modernitätseffekte: mangelnde Reformfähigkeit des politischen Systems, unzureichende Integration gesellschaftlich aufstrebender Bevölkerungsschichten, fehlender demokratischer Wertekonsens;

Festhalten an Traditionen: überragende Stellung des Adels in Gesellschaft, Militär und Landwirtschaft; Übernahme national(istisch)er Traditionen aus der Reichsgründungszeit;

Statussicherheit: Antisemitismus als Reaktion auf liberale und kapitalistische Entwicklungen; Unsicherheiten im Zusammenhang mit dem Verstädterungsprozess und den neuen städtischen Lebenswelten; bürgerliche Aufstiegs- neben altgewohnter Unterordnungsmentalität (Untertanengeist als Bollwerk gegen die Herausforderungen einer modernen Industriegesellschaft);

Suche nach Sinnstiftungen: Nationalismus, aber auch Fortschrittsgläubigkeit als Kompensations- und Integrationsmittel;

Zähes Fortleben obrigkeitlicher Traditionen, von Militärstaat, Bürokratie und alten Eliten: Übertragung der militärischen Normen auf Gesellschaft, Schule und Bürokratie; Konservierung der Untertanenmentalität.

3.

„Spannungen" zwischen:
- „Reichs"-Deutschen und nationalen Minderheiten
- (organisierter) Arbeiterschaft und Staat („Vaterlandslose Gesellen")
- den einzelnen Interessenverbänden
- „persönlichem Regiment" und liberalem Parlamentarismus

3. Wilhelminische Weltpolitik

1.

Bismarck
- Reichsgründung als Endpunkt der deutschen nationalstaatlichen Entwicklung;
- das Deutsche Reich ist saturiert (begnügt sich mit dem erreichten Status und hat keine Gebietsansprüche);
- europazentrierte, status-quo-erhaltende Bündnispolitik.

Max Weber
- Reichsgründung als Anfang eines weltausgreifenden deutschen Nationalismus;
- Weltmachtstreben, auch durch Erwerb von Kolonien;
- Prestige-Politik; „kalkulierte" Aggression;
- Aufrüstung statt Bündnispolitik;
- das Deutsche Reich sieht sich im Vorfeld des Ersten Weltkrieges einem feindlichen Bündnissystem gegenüber.

2.

a) Internationales System der Bismarckzeit

Isolierung Frankreichs

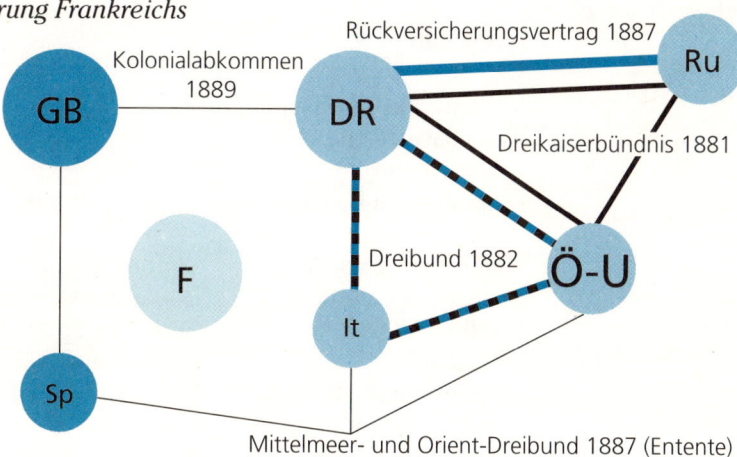

b) Internationales System der Wilhelminischen Zeit

Isolierung Deutschlands und Österreich-Ungarns

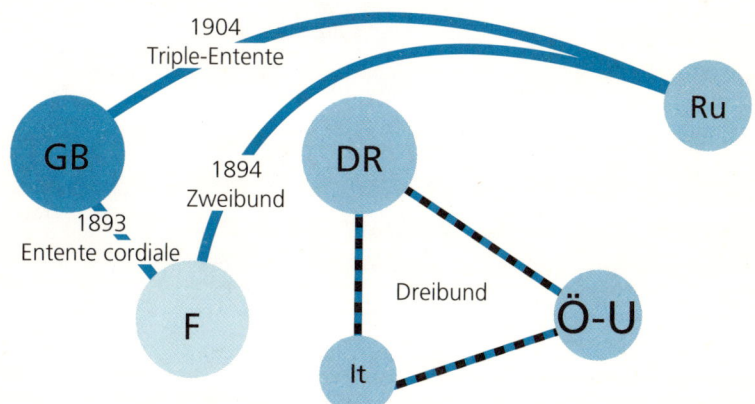

3.

Weber	Ablauf der Ereignisse	Folgen
Reichsgründung kann nicht das Ende der deutschen Geschichte sein		
Reichsgründung muss Ausgangspunkt der deutschen Geschichte sein	deshalb	
	Bismarcks Entlassung, um Saturiertheitsdoktrin zurücknehmen zu können:	
	Kündigung von Verträgen als „Auflösung selbstgewählter Fesseln", imperialistische Kolonialpolitik und Eintritt in die Weltmachtpolitik (→ Marokko)	diplomatische Ungeschicklichkeiten führen zu Spannungen mit den europäischen Mächten und zu antideutschen Ressentiments,
		internationale Isolierung Deutschlands